# 品味经典

徐飞 主编

第六辑

复旦大学出版社

# 编委会

# 序 言
Preface

　　"立身以立学为先，立学以读书为本。"读书是门槛最低的知识获取方式，也是人类以手、眼、脑相配合进行学习的方式。因此，无论是在个体层面还是在家庭、学校、社会层面，倡导阅读对开阔眼界、完善能力、提升素养，乃至提高全社会整体道德水平都意义非凡。2012 年，党的十八大报告首次提出"开展全民阅读活动"，将其作为丰富人民精神文化生活的重要路径，为扎实推进社会主义文化强国建设助力。之后，党和国家各级政府的重要文件多次提到全民阅读。现在推进全民阅读已进入国家战略层面，是政府的重要工作之一。

　　威尔逊称："书籍是通过心灵观察世界的窗口。"弥尔顿说："书籍并不是没有生命的东西，它包藏着一种生命的潜力，与作者同样活跃，不仅如此，它还像一个宝瓶，把作者生机勃勃的智慧中最纯净的精华保存起来。"黄庭坚直言："士大夫三日不读书，则义理不交于胸中，对镜觉面目可憎，向人亦语言无味。"狄德罗则进一步指出："不读书的人，思想就会停止。"诚然，书籍是屹立在时间汪洋大海中的灯塔、培植智慧的温床，书房是文人精神的巢穴、生命的禅堂，而阅读的价值在于，读者能从书中邂逅高贵的灵魂，感受高超的智慧，学习深邃的思想，得到深刻的启迪。阅读当触及灵魂深处，促进对现实人生的反思和关怀，进而有所行动，去创造美好幸福的人生，并唤醒关心他人、关心社会的自觉。

经典是书籍中的瑰宝，但凡称得上"经"和"典"的，都代表了其所在时代的最高智慧，甚或是迄今为止人类思想所能够达到的最高峰。经典之所以是经典，是因为它蕴藏了天地之心、修齐之道、治平之方，呈现出科学之真、人文之善、艺术之美。经典之所以被赋予崇高价值，还在于其思想的深邃性、思维的宏阔性和思绪的灵动性，以及精神的永恒性和意义的无限可阐释性。经典历久弥新，常读常新，永远光耀和烛照读者的精神和灵魂。庄子曰："吾生也有涯，而知也无涯，以有涯随无涯，殆已。"面对当今海量的出版物，以有限生命面对无限阅读资源，阅读经典当是最佳选择。

大学生是国家未来建设和发展的生力军，其综合素养和创造能力决定国之未来。然而，受到基础教育阶段的应试教育、高等教育学程的专业教育，特别是社会转型下人心浮躁等因素的影响，当代大学生的阅读存在功利化倾向，流行"浅"阅读与"快餐化"阅读。尤其是专业教育带来的阅读结构性缺失，十分不利于大学生个人综合能力的提升和全面发展。在这样的背景下，高校开展经典阅读活动具有重要意义。

开展经典阅读，有助于提升高校立德树人工作实效，培育时代新人。大学的根本任务是立德树人，阅读经典则对塑造崇高人格、铸就高贵灵魂、助力"精神成人"具有不可替代的育人价值。李白认为"立德贵清真"。子路推崇："楚兰生于深林，不以无人而不芳；君子修道立德，不以穷困而变节。"曾国藩强调："士人读书，第一要有志，第二要有识，第三要有恒。有志，则断不甘为下流；

有识，则知学问无尽，不敢以一得自足，如河伯之观海，如井蛙之窥天，皆无见识也；有恒，则断无不成之事，此三者缺一不可。"英国著名作家威廉·梅克比斯·萨克雷在《纽克姆一家》中，则借用印度古谚如是说："播种一种行为，收获一种习惯；播种一种习惯，收获一种性格；播种一种性格，收获一种命运。"诸如此类的经典言论，无不是教我们如何立德树人。

开展经典阅读，有助于经典的当代传承，增强大学生的文化自觉、文化自信意识。经典是一个民族文化的载体和历史精神的浓缩，阅读经典无疑是将人们的心灵与上下古今一切民族的伟大智慧相结合的过程。通过诵读"四书五经"，感悟《中庸》中"致广大而尽精微，极高明而道中庸"的辩证；捧读费孝通的《乡土中国》，领略"各美其美，美人之美，美美与共，天下大同"之胸襟；阅读维特根斯坦的《文化与价值》，感怀"有光方有影，有前人的积累才有后人的传承"之洞见。当代中国大学生借助阅读古今中外的经典，既可以培育厚重的民族爱国情怀，又可以培养开放的世界公民意识。将经典阅读与大学生思想政治教育相结合，当是引导大学生积极弘扬和践行社会主义核心价值观的有效途径。

开展经典阅读，有助于高校通识教育的开展，营造校园书香文化。通识教育以培养"完整的人"为目的，以培养学生健全人格为根本的价值取向。经典作为书中之上品和极品，更应反复吟读，仔细品味。王国维在《人间词话》中阐述了古今之成大事业、大学问者必经的三重境界："'昨夜西风凋碧树，独上高楼，望尽天涯路。'此第一境也。'衣带渐宽终不悔，为伊消得人憔悴。'此第二境也。'众里寻他千百度，蓦然回首，那人却在灯火阑珊处。'此第三境也。"同样，康德在《论优美感和崇高感》中，对优美和崇高这两个美学范畴做了精当的分析，他不仅细腻温情地比较了崇高的动人和优美的醉人，更是深刻犀利地指出：崇高必定伟大，优美可能渺小；崇高必定纯朴，优美则可能装扮和修饰。在大学推广经典阅读，就是要让大学生透过经典的字里行间，品味和体悟境界与格局、深刻与通透。毋庸置疑，阅读经典是开展通识教育的绝佳途径。初读经典，可有似懂非懂、囫囵吞枣之小成；用心品味，方得深入浅出、知行合一之大就。

开展经典阅读，有助于大学生个人综合能力提升和全面发展。罗曼·罗兰有言："从来没有人为读书而读书，只有在书中读自己，在书中发现自己或检查自己。"英国伟大的思想家培根在《论读书》中说道："读史使人明智，读诗使人聪慧，演算使人精密，哲理使人深刻，伦理使人有修养，逻辑修辞使人善辩。"孔子曰："温故而知新。"阅读经典不仅可以丰富精神世界，而且能帮助提升获取新知的能力。阅读经典文本，不但能实在地提高阅读能力、书面表达和口头表达能力，更为重要的是，通过与先贤对话，与圣哲神交，可全方位为自身赋能。在世界观、人生观和价值观形成的最重要时期，青年学子要有意识地尽可能选择阅读经典，这对一生的发展都大有裨益。

作为一所历史悠久的财经类高校，上海财经大学素来重视通识教育。学校创设伊始，获得哥伦比亚大学教育学博士学位的郭秉文校长即"用世界眼光办教育"，提出了"三育并举""四个平衡"等影响深远的教育理念。20世纪30年代，学校将"以精神训练，培养健全之人格，建立忠实之学风"确定为学校使命。自2011年起，学校以全球视野遴选通识师资，聘请国际名校和国内985高校名师开设优质通识课程，培养学生的广阔学术见识和典雅方正人格。2015年学校成立通识教育中心，遵循"德育为先、育人为本、通专结合"的通识教育改革路径，致力于"培养健全人格，促进均衡发展"的育人目标，构建了"三大类七模块"通识课程体系，构筑了多层次、个性化、全覆盖的第二课堂成长培养方案。

为进一步营造学校浓郁的书香氛围和强化求真求知的学风，引导和鼓励学生与经典为伴，涵养阅读习惯，培养自觉读书意识，在读书实践活动中陶冶情操、获取真知、提高自我修养，2019年底学校组织校通识教育中心、宣传部、图书馆、团委、学生处、人文学院等部门通力协作，多次召开研讨会，数次易稿，最终形成《上海财经大学2020年经典阅读书目》并于2020年元旦发布。在此基础上，2021年元旦又发布了《上海财经大学2021年度经典阅读书目》，调整少量书目以呼应时代热点，吸引更多人参与经典阅读，将经典阅读常态化。

有鉴于读经典之不易，自2020年起，校通识教育中心精选与百本经典书目相关的通识课程，将阅读经典与学习课程紧密结合，邀请名师开设"一师一课一本书"通识经典书目导读讲座，深入发掘文本的更多价值，以达到既要读好书又能读懂书的目标。同时校内多个部门组织各类与经典阅读相关的活动，或写作，或朗诵，形式各异，精彩纷呈，将教学、阅读、写作、反馈连贯起来，引起了热烈的反响。如校图书馆组织举办的"SUFE领读者"通识经典征文比赛，使学生们通过对经典著作的深度阅读对生命、历史、社会的思考变得更加凝重、厚实；校通识教育中心组织举办的"育衡杯"通识课程论文大赛则致力于展现学校通识教育成果，进一步促进通识课程教学改革，提升学生对通识学习的积极性，强化学生的写作与表达能力；校宣传部组织举办的"阅读之星·悦读达人"活动，旨在提升校园文化中的人文气质和超拔精神，培养学生和校友多读书、好读书、读好书的习惯，深入推进全民阅读，积极建设书香校园。

　　《品味经典》的第一辑与第二辑以名师导读为主，第三辑则选取了与前两辑导读书目对应的在校学生优秀文章，均来源于校内获奖文章和教师推荐，包含读书报告、学术论文、读后感等多种体裁。这些文章对经典进行了深入的学习、思考和解读。第四辑则回归名师导读，并吸纳了少量优秀的校友文章。第五辑收录了第一届与第二届校园赛事"阅读之星·悦读达人"的优秀参赛文章。本辑延续前五辑，将第三届校园赛事"阅读之星·悦读达人"和往届"领读者"活动的获奖文章进行了收录与展示，涵盖了在校师生、校友以及附属中学师生等的19篇文章，不仅展现了校内活动的优秀作品，而且反映了我校师生在经典阅读中的积极热情和多样收获，凸显校园推进人文素养提升和校园文化建设的成果。

　　名师对于经典的导读，拓展了教学育人的广度和深度，点燃了学生的阅读热情，帮助学生学会阅读经典，引导学生走出专业思维，以更宽广的视野、更多元的角度领悟书中思想内涵，力求厚德博学、经济匡时。在校生、校友通过深入阅读，探讨经典与当下的联系，思考生活的意义，叩问生命的价值，进而重新审视与塑造自身的思维方式，提升眼界格局。

　　徜徉经典，品味经典，生命不止，读书不止，学习不止。"读书之法无他，惟是笃志虚心，反复详玩，为有功耳"，让我们以朱熹的这句话共勉。

徐　飞

上海财经大学　常务副校长

2024年9月

# 目　录

# Catalogue

林语堂在书中谈论了庄子的淡泊，赞扬了陶渊明的闲适，诵读了《归去来兮辞》，还讲解了《圣经》故事，谈及中国人如何品茗，如何行酒令，如何观山，如何玩水，如何看云，如何鉴石，如何养花、蓄鸟、赏雪、听雨、吟风、弄月，等等。林语堂将中国人旷怀达观、陶情遣兴的生活方式和浪漫高雅的东方情调皆诉诸笔下，娓娓道出一个可供仿效的完美生活方式的范本、快意人生的典型，展现出诗样人生、才情人生、幽默人生、智慧人生的别样风情。

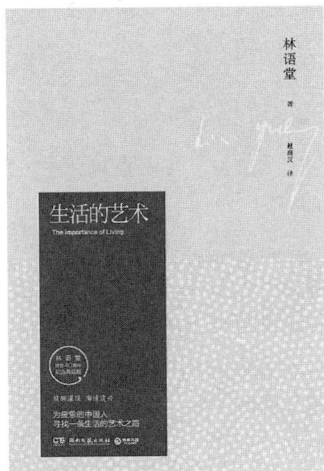

《生活的艺术》，林语堂著，湖南文艺出版社，2016

# 作 者 自 述

马欣薇，女，现就读于上海财经大学匡时书院经济拔尖班（2023 级本科生）。

"眼前直下三千字，胸次全无一点尘"，于我而言，读书是绝对愉悦的，跨越时代与语言，与前人交流，或醍醐灌顶，或感同身受，或拍案叫绝。当庸碌的生活磨灭了我的热情时，我总能在书中寻找到看待生活的别样视角，收获新鲜与惊喜。通过读书，我营造了属于自己的避风港和智慧泉，永远温暖宁谧，永远流动广博。"粗缯大布裹生涯，腹有诗书气自华"，把书中的知识、观点与视角运用在日常生活中，那些生活中的平庸与烦琐就会摇身一变，呈现别样的惊喜。

# 柴米油盐皆学问，嬉笑怒骂戏人生

## ——读《生活的艺术》有感①

　　《生活的艺术》这本书不仅以至臻的生活哲理为框架，还用充满生活滋味的日常元素做装饰，构成了独属于作者与读者的秘密花园。生活无疑会充斥着枯燥世俗的内容，如何把普通的生活艺术化，这是一个美学问题。生活的艺术就是生活的态度和技巧。一方面，林语堂先生从中国古代哲学的理性视角来超越日常生活中的烦琐表象，把我们带入"逍遥"的思想境界，展示出人与自然世界的自由和谐；另一方面，林语堂为日常生活的琐碎添加上感性的绚丽光环，使之呈现出非日常性，从而消解了日常生活中的世俗无趣，帮助我们在物化的生活现实中追寻精神上的平衡。

## 享受快乐：快乐不分贵贱，一切源自感官

　　享受是快乐的前提，哲学家常常把享受分为物质享受和精神享受。但林语堂认为这样的分类方法是失之偏颇的。首先，物质快乐

────────────

① 第三届上海财经大学"悦读达人"获奖作品。

和精神快乐总是密不可分的，把单一形式的快乐完全剥离出来近乎不可能。回忆一下令你惬意的家庭宴会时刻吧，你品味着刚出锅的家常菜，与家人互相调侃，大声欢笑，这时你感受到的快乐，有多少来自口舌肠胃的满足，又有多少来自精神上的安定与放松，我们难以区分，二者杂糅并存。其次，物质快乐与精神快乐并无贵贱之分。一位美国校长曾在新生致辞中说："快乐，只需记住两点，每天读《圣经》和大便通畅。"林语堂先生说，一切快乐都来自感官。这里，林语堂把"快乐"这一形而上的抽象概念转化为极朴素的生活哲学。确实，回想过往生活中的快乐时刻：是夏日夜晚坐在窗边听雨，感受鼻腔中充斥的泥土芳香，呼吸时胸廓的宽畅，雨点落在蓝色钢板屋檐上时的噼啪作响——感官带来的快乐是最真实而轻巧的。想必金圣叹写《不亦快哉三十三则》时，其心意定和我们相通。

## 中庸哲学：看破浮生过半，半之受用无边

　　林语堂先生写书是极具趣味的，他在书中进行了一次评选大会——"谁最会享受人生？"在庄子、子思、孟子、老子等候选人中，陶渊明脱颖而出。这恐怕是因为陶渊明在各方面都是中庸的代表，他尝试做官却政绩平平，他隐世但拥抱生活，他所传世的作品数量也不算多，但就是这样的综合体构成了文人心中最完整健全、值得艳羡的历史人物之一。

　　中庸并不是一种平庸，而是一种必不可少的调和。如果太过温顺踏实，以"老黄牛"为譬，就会成为国家统治的附庸，没有个人的思想；如果太过任性、不可捉摸，以"猴子"为喻，恐怕世上很

难有立身之地；而太过绝对的隐世哲学，即自然隐居（不与社会沟通）是毫无意义的，"大隐隐于市"才是真隐者之所为。

## 发现自己：田中寻物者何，盖寻其魂也矣

很有感触的一点是庄子所称的"发现自己"，正如他在"螳螂捕蝉，黄雀在后"这个譬喻中所讲的一样，螳螂只关注眼前的知了而忘记自身的危险，而黄雀也因为要吃一只螳螂而忘记身后的危机。林语堂认为忘记自身的人就是彻底的现实主义者，熙来攘往忙碌终日，以为他的成败盈亏完全是绝对的、真实的，没有丝毫怀疑，这种观念是无药可救的，就像孔子所说："不曰如之何如之何者，吾末如之何也已矣！"我们都必须承认，日常忙碌生活中的自我并不是完全真正的自我，在生活的追求中我们已经丧失一些东西。孟子则认为，我们失去的部分是赤子之心，他说："大人者，不失其赤子之心者也。"观照到我们身上，我们总忙忙碌碌地奔跑，有时却把自己丢下，一味地盯着眼前的利益和目标，却没有时间抽空来思考。我不是在无病呻吟，想一下，现在有多少人把生活过得像战备，年纪大了才想起来嘱咐年轻的自己：一切抢来的利益都有健康做筹码；又有多少人低头奔跑一辈子，临了才发觉自己总是在追赶他人的浪潮，而把自己初心的田园荒芜。我们一生中总想把我们幼时的梦想说出来，但是，"有时还没有找到我们所要说的话，我们已经死了"。

## 动物性遗产：柴米油盐皆是学问，口舌肠胃皆有道理

林语堂先生从不羞耻于谈论"吃"和"性"这两个颇具动物

性的话题，他把它们戏称为"我们的动物性遗产"。对于吃，他认为满足口腹之欲是再正常不过的事情，并不比其他诗歌艺术的享受轻贱。举例来说，平头百姓会因吃饱喝足而暂时忘却疲惫，外交大使也会因一顿上好的晚宴而力促和谈，特别是在中国，饭桌即议事桌，因为我们知道肠胃得到满足才能心平气和。在这一点上，并非物以稀为贵，这种人人都必须满足的口舌、肠胃的欲望更有称道的空间，完全值得文学艺术对其"大做文章"，《红楼梦》中那琳琅满目的佳肴就是佐证。我想到最近旁听的一场有关文学意义的辩论，辩题是"文学更应该'载道'还是'援情'"。其中一名辩者的论述让我沉思，他说文学更应载道，因为情是人人都有的，并无高贵之处，而传播道相较之下更有价值。这种观点属实不妥，就像你不能对一个因肠胃通畅而感到快乐的人说：你的快乐太低级了！

## 个人主义：你我纷然不同，独立任性自由

林语堂先生无疑是个人主义的推崇者。首先，世上没有两片相同的叶子，即使两个遭遇相同的双胞胎，面对同一件事的抉择也可能不同，这是内在的个性所决定的。所以林语堂说，看见报纸上的许多讣告时，他也不禁有些奇怪，生于同代，死在一天的人，两者的生活竟是那么不同。在同样环境下的人竟然有这么大的差异，所以，我们应关心的是我们对于环境的反应而不是环境的本身。这便是个人主义存在的合理之处。其次，个人应当保持思想独立，借用惠特曼的一段话，"当一个人神志在最清明的时候，他有一种意识，一种独立的思想，解脱一切而高升起来，像星辰那么沉静永恒不灭。这就是和同思想——不管你是哪一种人，自己的思想终是属于

自己的，我为我，你为你，各不相混"。然而，强调个人之重要，并不意味着忽视国家与社会，恰恰相反，因为我们的社会生活、政治生活和国际关系的进步都是由许多个人的集体行动和集体脾性而产生的，所以也完全以个人的脾气和性格为基础。国家的政治和国家每一时期的进化，决定的因素完全是人民的脾性。因此，唯有国家中的个人人格健全，才能使国家健全，否则就会出现第二次世界大战中荼毒生命的军国主义疯子。就像在《乌合之众：大众的心理研究》中，勒庞阐述了群体以及群体心理的特征，指出了当个人是一个孤立的个体时，他有着自己鲜明的个性化特征，而当这个人融入群体后，他的所有个性都会被这个群体所淹没，他的思想立刻就会被群体的思想所取代。而当一个群体存在时，他就有着情绪化、无异议、低智商等特征。然而，在当今，思想独立是多么困难啊，各类思潮左右冲击，互联网上的"二极管"各执己见。有时想想自己，可能都很少会思考，遑论思想独立！

## 黑色幽默：拳头战胜真理，身死只余捧土

　　林语堂先生谈论了颇具黑色幽默的两个话题"论强壮的肌肉""论不免一死"。在书中，语堂先生举了两个例子（开玩笑般的），一是有一次他与好友几人，在茶馆给人评理，一方是小贩，一方是满身横肉的壮汉，几人公正地评断大汉理亏，义正词严地指出他的错处，那大汉立马眼睛一瞪胡子一吹，要请几人出去"聊聊"，林先生几人只好鞠躬弯腰，连称他没错，这事才作罢。林先生在书中感叹：再也不与他人评理了！另一个例子是莎士比亚写哈姆雷特寻找亚力山大帝的高贵残骸遗灰，"后来他发现这灰土也被人家拿去

塞一个啤酒桶的漏洞"。人，生前好似只有肉体这一个弱点，我们害怕疼痛，害怕死亡，所以一只拳头就能改变谈判桌上的局势；然而，真正到死时，却又是那样的平等，"我们不是这个尘世永久的房客，而是过路的旅客。地主、佃户，都是一样的旅客"。也许，对真理永不休止的辩论只有在死后的世界里才会存在，因为这里不会有人因暴力而屈服，就像传教士们一定不会让死去的伽利略闭嘴一样。但是，现实生活中依然存在"拳头大于道理"的现象，小到面对恃强凌弱的施暴行为，我们不敢挺身而出；在学术上，权威战胜了真理，学术造假、学术欺凌现象屡见不鲜。大到国际上，所谓的"投票"也很大程度上是力量的博弈，所以我们说弱国无外交；被屠杀的百姓又有多少力量能发声，或是说他们的声音能被多少人听见？但是固然现实如此，我们依旧在畅想（抑或是梦想）一个完全公平的议事桌，在这里，天平不因任何外力倾斜。

## 死生豁达：生如逆旅人是客，嬉笑怒骂戏此生

　　林语堂先生是个苏东坡一类的文人，他们对生死豁达的看法尤为相近，"家有千尺良田，只睡五尺高窗"。对于死，他说，当我们意识到时间消逝的时候，诗歌和哲学才会产生出来。这种时间消逝的意识是藏在中西一切诗歌的背面的，人生本是一场梦；我们正如划船在一个落日余晖返照的明朗下午，沿着河划去；花不常好，月不常圆，人类生命也随着在动植物界的行列中永久向前走，出生、长成、死亡，把空位又让给别人。等到人类看透了这尘世的空虚时，方才开始觉悟起来。对于生，他说人生即舟上之旅客、戏台之戏子。刘达生在给他朋友的信中写道，世间极认真事，曰"做官"；

极虚幻事，曰"做戏"；而弟曰愚甚。每于场上遇见歌哭笑骂，打诨插科，便确认为真实；不在所打扮古人，而在此扮古人之戏子。——俱有父母妻儿，——俱要养父母活妻儿，——俱靠歌哭笑骂、打诨插科去养父母活妻儿，此戏子乃真古人也。又每至于顶冠束带，装模作样之际，俨然自道一真官，天下亦无一人疑我为戏子者，正不知打恭看坐，欢颜笑口；与夫作色正容，凛莫敢犯之官人，实即此养父母活妻儿，歌哭笑骂打诨插科，假扮之戏子耳！乃拿定一场戏目，戏本戏腔，至五脏六腑，全为戏用，而自亦不觉为真戏子。悲夫！

## 林语堂与鲁迅：本应各光其芒，奈何相交一场

　　鲁迅先生一生与文坛各豪杰骂战无数，实则在生活中多无甚交集，但与林语堂先生则不同，两人从同气相求、并肩作战的队友，到老死不相往来的陌生人，令人惋惜。二人从北大到厦大，一路上抨击权贵，遭人排挤，相互扶持，多年未见后，却在南云楼上分道扬镳，究其原因是两人的文学观和脾气秉性相差太远。比如文学观上，林语堂最看重的是幽默，觉得中国人写了几千年文章了，越往后就越讲究文以载道，小说教就不会写文章，任何新颖的表达都会被当成离经叛道，而他不，他就要幽默。但鲁迅先生说，这是一个笑的时代吗？你这么做就是在逃避，就是在点缀太平。这个时代要的是什么？要的是匕首和投枪，而不是什么幽默。但林语堂先生也爱国，整个抗战期间，他都心忧国难，在国内写小说支持抗战，去美国号召募捐。在法国，他还抚养了六个中国孤儿，他就觉得很奇怪：爱国，我为什么就不能幽默呢？所以林语堂先生在文章里写

"我爱幽默"，鲁迅先生就写"我不爱幽默"；林语堂写"中国人人都有他自己的幽默"，鲁迅先生就写"中国人不是长于幽默的民族"；林语堂创办了一个文风比较幽默的半月刊，鲁迅先生说，每月都要挤出两本幽默来，本身便是件不幽默的事；林语堂写了一篇《让娘们来干一下吧》，鲁迅先生立马就回一篇《娘们也不行》。除此之外，两个人的翻译理念也完全不同。鲁迅先生曾经提出，要尽最大可能地保持这个文本的原貌，所以有些地方宁可译得不顺口，也要直译，也要一字一字地译，甚至提出了硬译的理论；但林语堂就完全不同意，他觉得这样翻译只会让读者觉得味同嚼蜡，谁能看得下去呢？谁读着不别扭呢？所以他提倡，不求字字相应，但求意境相同。

还有，鲁迅先生提倡的是拿来主义，他大力翻译各国的文学精品；但林语堂呢，他信奉的是送去主义，向世界宣扬中国文化。鲁迅先生说，现在中国更多的是这些腐朽的旧文化，有什么可送去的？林语堂觉得，中国有好的东西，我为什么不能展现在世界上呢？包括对汉字的态度上，鲁迅先生多次提出要废除汉字，林语堂偏不同意，虽然他可是民国作家里面英文最好的一位。他说："汉字的美感足以让其生存。"到了晚年，因为当时世界上只有字母文字的打字机，林语堂还搭上所有的积蓄研发了一款中文打字机，叫明快打字机。

鲁迅先生是一个以笔为刀的战士，冷峻凶悍；林语堂先生是一个苏东坡式的知识分子，崇拜的是苏东坡的这种中国古典的人格，他的照片每一张都有笑容。

沈金耀说："要做一个鲁迅，真难，能做一个林语堂，真好。"

　　看完全书，我深刻感受到，林语堂先生的哲学是极质朴、自然、生活化的。他不避讳人类的"动物性"——"吃"和"性"；他认为人性的缺憾是可爱的，正是那些冲动、任性、情感和不可捉摸构成了人生的精粹；他认为把机械的运行机理强加于人类社会是无趣的，就像一场早就知道结果的赛马比赛；他对生死的态度是豁达的，家有八顷良田，只睡五尺高床，人生如逆旅，我亦是行人；他认为对人类的爱如果需要一些理由来做根基，那便不是真正的爱，这爱必须是绝对自然的；他认为快乐均来自感官，正如惠特曼认为嗅觉、视觉和听觉非常重要，它们丰富他的精神生活；他认为即使归隐也不应该逃避生活，正如陶渊明为尘世所生，又属于尘世，所以他的结论不是逃避人生，而是"怀良辰以孤往，或植杖而耘耔"……在林语堂先生的生活哲学中，一切平常普通的元素都大有学问（如吃穿住行），一切至臻的哲学都应简单质朴，一切崇高的情感都不过是人的天性，一切伟大的事业与品格（如人类引以为傲的尊严感、科学文明、好奇心等）都生发于动物的天性。引用林语堂在自序中的一段话："我的灵魂很舒服地在泥土里蠕动，觉得很快乐。当一个人悠闲陶醉于土地上时，他的心灵似乎那么轻松，好像是在天堂一般。"读完这本书，我获得了快乐生活的惬意和力量。

# 学 者 简 评

    林语堂有传统知识分子的以天下为己任的责任感，曾经激烈地批判过社会，又受英美教育影响，始终有费厄泼赖的绅士修养。他的《生活的艺术》可以视为后者的代表，充分体现出一个中国知识分子从传统向现代转变过程中的异质文化融合的选择：中庸、幽默、自由、本真。本文作者抓住了本书的核心思想，并从不同侧面触及它们。同时，作者结合自己的生命体验加以阐发，既有经典的细致解读，又有个体经验的鲜活，是一篇不错的读后感。

——上海财经大学人文学院老师　徐仲佳

在中华民族历史文化的长卷上，记录着一位饮誉世界的集大成者的名字，"十有五而志于学，三十而立，四十而不惑，五十而知天命，六十而耳顺，七十而从心所欲，不逾矩"。他，就是被李苦禅大师赞为"至圣无域泽天下，盛德有范垂人间"的先哲——孔子。

《论语译注》汇编了研究孔子的重要文献《论语》二十篇，并作了较为具体的分析和解注。透过文字，我们仿佛和智者正面晤对，聆听他"性相近，习相远"的人性思想；"有教无类"的教育主张；"任人唯贤"的人才观念；"各因其才""不愤不启，不悱不发""学而不思则罔，思而不学则殆"的教学方法……而在我脑海中最难以忘却的是他"为政以德"的教育思想，耳畔时时响彻的是"道之以德，齐之以礼""骥不称其力，称其德也"等表露其"治理国政要把道德教育放在第一位"的这一教育思想的经典论述。

《论语译注》，杨伯峻译注，中华书局，1980

# 作 者 自 述

　　雷文思，女，现就读于上海财经大学匡时书院经济学拔尖班（2023级本科生）。

　　人生十九载，田野上大江边长大，名师边佳友旁求学，谈不上生活丰富，幸得有目标、常思索、愿行动。好读书，亦好行路，乐在求学探索，亦乐于佳肴山水。自知学识浅薄，好在唯愿平凡快乐，从容求索。往后，亦当持"脚踏实地，仰望星空"之态度，徜徉书海，也饱览风光，多读、多看、常思考，在与社会联结之中、与三两好友同行之中，发掘自身价值，择定目标，从容前行。

# 以思考为指南，在旷野中徐行

## ——一组关于人的价值的书籍的联读①

本想从《论语》谈起，写最近因与选修课老师探讨而重读《论语》后，在思考与精神世界方面的感受，但写着，又逐渐发现给予我思考的，最终能让我逻辑自洽、从理论落实到现实中的，哪里只有《论语》一书。便从《论语》"君子不器"一语开始，讲讲阅读给我带来的意识与思考角度的塑造，以及对现实与生活的影响。

## 一、君子不器

孔子作为教育家，主要目的便是建立"君子之邦"。过往学者对"君子不器"的观点包括：其一，将"器"解释为功用，君子要多才艺以臻通才。例如，朱熹受程颐影响，在《四书章句集注》中解释君子为成德之士，体无不具，故用无不周，非特为一才一艺而已。其二，"不器"是对"德"的追求以臻完人。其三，相当一部分学者已意识到"器"解释为功用的局限性，遂从"不器"出发

---

① 第三届上海财经大学"阅读之星"获奖作品。

进行"不应工具化"的解读，结合现实进一步阐述为人格上的追求，启示了"君子不器"中蕴含着的人的意识的自觉性与主观能动性，体现了对人的价值的观照。例如，李泽厚将其理解为不要被异化，人不是作为机器的，而是要使自己个性得到全面发展。其四，"不器"指向一种非单向度的无局限，一种人的意识的超越性。例如，杨国荣认为"器"是有局限的，"君子不器"在于其不限定。

总之，"器"指的不只是技术与手段上的工具，更是价值与意义上的观念。"器"作为器皿与功用解释时，没有脱离形而下的界限，具有现实意义的局限性，而将"君子不器"阐释为人不应被工具化时，指向了人本思想，提示应在现实中考量人的价值。

这即是我在《论语》中感受比较深刻的一点。人应当全面地理解人本身。人与器的区别，不在于客观的存在性或一切现实可感知的，而在于其形而上的部分，即无限的意识，如道德、主体性、自觉性等。例如，儒家思想体系中，德性需要礼乐的熏陶，然而超出礼乐的限制，仍然有自觉或不自觉的德性的存在，此为意识的无限与超验。所以追求成为君子的人应当达到内在的充盈，谦卑地感受世界与自我，以自我意识超越物质生活的局限，而非在世俗中汲汲营营。

"器"指的不仅是知识或技艺领域的单一偏向，而且是智慧、意识的局限。通才只具有理论的可行性，有所知即有所不知，每个人都会有自己个体的已知与可知、不知与未知，这是知识而非智慧的局限。个体意识上保持谦卑与开放，关注到本身的存在而非片面的功用，进行开放而多向度的思考与探索，便可以清醒地感知、明白广阔的领域，产生丰富的领悟，最终塑造丰富的灵魂，形成完满的人格。人是有限的存在者，但意识无限。

　　"君子不器"一方面不否认现实生活中君子成器，另一方面观照人本身，提示在意识层面，人不能把自我与他人视作工具或手段，而应当视为目的本身，从而强调要使无限的意识能进行开放的思考，而不被有限的现实知识桎梏。

## 二、人是目的

　　从这样的理解出发，很容易联想到西方哲学家的一些著作。比如说，康德提出的"人是目的"与马尔库塞的"单向度的人"。《道德形而上学奠基》中，康德的目的论即"一切理性存有其自身即是目的"。人作为理性存在者，不应把自己或他人看作工具或手段，而应当视为目的。在此基础上，人的价值与尊严才得到完满。但是康德并没有完全将手段与目的割裂看待。他指出，一切都互为目的与手段。马尔库塞则认为，由技术理性带来的物质条件更好的生活方式中，产生了"单向度"的思维模式，即人失去了批判性与超越性。工人被整合至技术体系，作为一种工具、一种物而存在。

　　君子成德是自为目的的。有学者认为，行动服从于道德准则的君了，其意志的自律来源于因具普遍性、必然性而等同于康德的意志的良知，故君子即理性存有者，且儒家的"器"、康德的"工具"实则都是为特定的生产生活目的服务。故借由康德的论述考量"君子不器"是可行的。"不器"即以人为目的，世界上每个人活着均有其目的性。

　　在商品经济中，交换商品使得价值被体现，人们便以交换为目的进行生产活动。市场（工作与工资）决定了环境以人为器，将人工具化或手段化。应当承认市场对人的异化的必然，但意识超脱于现实这一切，而处于其恰如其分的位置。即不否认存在人作为手段的必要性和事实，但是意识自觉地展开而不被裹挟，将自身与他人视为目的。人是有尊严、有意识、有智慧的，不能被彻底物化。

中西方这些思想不约而同地强调了人的主体性与意识的能动性，强调人对自我、对外界保持思考的重要性，强调人非物的本质原因。它们本身的"人不应被工具化"的含义，可引申出对自由批判思考、不拘于一隅探索未知、弱化功利追求、重视物质以外等的要求。这些思想于今日青年发展有重要意义。

就事实而言，现实中青年常有被器化的现象。上大学选择专业，往往考量"这个专业有什么用"；在校园里，又困于绩点、学分等条条框框；网上各种所谓的"本科生指南"划出了有限的功利的发展路径；做研究，要选择一个细分领域——即使是交叉领域工作，也是有限的领域。

外在的环境有工具化人的现象，可人被禁锢的意识中只有功利化而单一的追求何尝不是原因，这样的追求终会使人沦为模板化的"工具人"。须知，人生是旷野而非轨道，人是目的，而不是沿着轨道运行的火车，考量到人的主体性的重要性，尤其在18~22岁这个思想臻于成熟而社会身份仍未固定的阶段，介入引导是很重要的。

通识教育形式或许便是"君子不器"章应用于教育系统的一种形式。近代以来，随着社会发展、综合国力提升，大学的育人理念更关注到了人的全面发展，多数高校对学生提出了对通选类课目的要求，部分高校开展书院制改革。通识教育恰如其名，以开拓视野而非深耕为主，着重方法论而非实操，让青年人尤其在文史哲等的人文社科通识内容的基础上尽量地理解世界与自我，感受无形之物，从而敬天地也敬自我，了解自己的已知与未知，不自视甚高也不妄自菲薄。

我在大一上学期选修了两门《论语》有关的选修课，其中一位老师和我们学生探讨了一节课的"君子"，因而我对人的主体性等有了更深的了解，从而开始在日常生活中思考人文社科类不具有确切答案的内容，这是在大学前从未有过的体验。有言，大学之道，在明明德，这便是在大学时期开展通识教育的重要性。人文社科类的通识教育让人不可见者见，这是狭义的科学带不来的，因为后者关注外界的可触碰的可被证伪的物体，而往往不关注无限的无定式的意识。

但通识教育毕竟是外力，成为拥有能动性主体性的人更应要求自己感知到社会运行的现状、意识的无限性，淡化功利的追求，关注本身与他人的存在，从而达到外界带来的"工具化"与自身追求的"去工具化"平衡的圆融境界。我们处于信息爆炸的时代，容易被外界吸引，容易因为别人所谓的"成功经验"而焦虑并盲目模仿，外在越繁乱，越要向内走，越要关注自身。注重自己意识的能动性，永远不要忘记站在自己所处的位置（无论是精神或是现实意义上）来审时度势。

总之，"君子不器"在今日的意义，不仅在于外在推行通识教育，而且在于内在引导个体意识的萌芽和发展，或许这才能培养出今日之"君子"。

## 三、无用之用

《庄子》有言，人皆知有用之用，而莫知无用之用也。无用之用思想强调独立思考和判断的能力，在复杂多变的社会环境中，不随波逐流，坚持自己的信念和价值观，发现无用之物的用处，尝试无用之事而达到新的收获。正如乔布斯在斯坦福大学的演讲中说："你无法把点滴与未来联系，只能通过回顾看见。"（"You cannot connect the dots looking forward, you can only connect them looking backwards."）如今我们在苹果电脑中打出样式漂亮而整洁的印刷体，可能正是因为乔布斯旁听了一门书法课。当时之无用，如今之大用。所以不要为了眼前之用放弃尝试，只有从未来回看，才知道什么是用。在不断地思考、对比、再思考后，尤其是站在一个人生的新起点上，在崭新的环境中，我更加意识到了《庄子》这一则所指示的人的意识的重要性。

在这些思想的启发下，我常常思考，做某件事对自己是否有意义。这里的"意义"并不是说，是否有利于学业发展的"有用"，而是是否经过自身的思考，出于自身的意愿去行动，行动后能否获得满足感，诸如此类。符合自身意愿，即使在未来被证明是世俗意义上的无用，但它起码为我带来快乐，这何尝不是一种无用之用。

回望过往，在高三一年之后，对于我个人而言，盲目而不加思考地跟随大众或者以功利为导向去做事，并不快乐，也不如理想状态般高效。从经济学角度出发（以我浅薄的知识），也可以用理性人的假设去解释。在这个假设下，一旦我有物质与精神上的需求，就会有意识地高效地达成我的需求。

大学以来，学院开设的两门选修课都是方法论，看起来与专业八竿子打不着，学起来也很艰难。但上学期有关中国文化的课程让我重新走近了先秦时期的诸子，在科学远不及今日的过往，诸子能有诸多的对人对事的思考，深刻程度亦超乎我过往所想。这课当时看似无用，只是因为对先秦诸子的好奇而聆听，短短几月后回首，不禁感怀：孔孟之道、老庄之道，这些人类群星闪耀的智慧，促进了我对于世界与自身的思考。

## 四、无我之境

王国维先生在《人间词话》中写道："有我之境，以我观物，故物皆著我之色彩。无我之境，以物观物，故不知何者为我，何者为物。"这启发了我应当要从有我的角度思考，也从无我的角度思考，我身在何处是主观的也是客观的。意识到自己的存在性，思考，剔除自己的存在，对所处之地进行客观的思考，这便是从有我到无我。这是人的存在性命题，也是对自己的定位审思的方式。"有我"即意识到个体的存在；"无我"即从更广阔的视野出发思考，定位自身，从而采取行动。很多时候，因为没有关注自我的想法，从而没有对自己所处的境地进行客观的思考，我们做出的决策会出现许多问题。

当意识到自身存在性之后，便知道在现实中要因"我"制宜，不要盲从。其一，不要盲目复制学长学姐的路径，因为每一个个体的能力、需求乃至运气都不尽相同；其二，不要盲目跟随同学的行动，因为个体的目标不尽相同，而精力有限。思考自己的未来发展志向，唯规划符合自身需求指向的目标与路径，方有利于自身发展。

当意识到自身存在性之后，便知道在现实中要重视自我的精神需求。不关注意识、不进行思考的结果很有可能是忽略了精神上、情感上的需求，这无益于自己的学习，更无益于机体的健康。身体与心灵两方面的健康比世俗意义上的成功重要得多。那些看似与学习、与绩点、与保研无关的无用之物，恰恰是平静湖面的涟漪，是千篇一律中的亮色，更是构成一个丰富人格的前提，毕竟人不是单一的器物。

当意识到自身存在性之后，便会知道在现实中要保持思考。自身所处之境每时每刻都在变化，何况万事万物。对万事万物，应了解后再去评判。运用自己的有知，认识到自己的无知，从而保持谦卑与对知识的开放，才能更好地认识世界与自身。例如，"内卷"一词在当下可能是一种被滥用的标签，我们需要了解它原初的定义。它的本意为一种内部趋向复杂化的、无法稳定的态势，引申为社会中"非自愿""非理性"的竞争，当它发生在人们争相模仿单一路径到极致时，并不会使得模仿的人的境况变得更好，反而会使得部分没有参与竞争且存在于竞争关系中的人境况变差，这无疑是不利于人类社会发展的。但是，并不是每一个人都要一模一样，马尔库塞对单向度的人的阐述早已说明了这类问题。回到当下，当竞争是克制而理性的时候，例如，在学习后对知识进行复习回顾，使用"内卷"这一词便是滥用。所以人总是要保持思考，了解知识，才能评判已知，并对未知保持谦卑。

笛卡尔说："我思故我在。"在浩瀚的宇宙下，人类也不过如蝼蚁一般。而在中国古代神话中，让夸父追日，让愚公移山，让精卫填海的，是不屈的伟大的意识，是对主观能动性的认识与坚信，使我们区别于动物而顶天立地。只有人类会思考自身的存在性，凭借着思考与意识而非脆弱的肉体来到食物链的顶端。

## 五、锚点、确幸、生活

前面四本书，四段话，总是在谈论自身的存在性，在谈思考、意识。但是无论思考到什么地步，总要落到现实中去实践、去突破局限。

锚点可以是故乡，可以是任何能让你摆脱无根浮萍之感的事物，甚至只是一种精神寄托，在现实中并不一定存在。

我在初中曾经做过一次调查报告。那一次的调查的导语便是，"你是哪家的孩子"。在调查中，我重新深入了家乡，深入了我心中的小镇。从此我的心里多了一个小村子，重新有了"家族""家乡"的概念，拥有了一片记忆。不管外界如何，在之后的漫长时光，我心中的家乡，都会永远是那有大片大片田地、炊烟袅袅的模样。那些老人、那房屋，永远都是记忆中最温暖的样子。虽然可能不会回去，但心中那份念想一直存在。哪怕我读了《乡土中国》中对家乡更贴切的更准确的理论阐述，那个小镇在我心中更多的也是笼罩于温柔的霞光中而非存在于文字的条框中。

小确幸是村上春树在随笔集《兰格汉斯岛的午后》中提出的，指让人感到温柔的幸福的小事情。这让我想到夏令营时和同学早起，看到渲染天际的红色；想到傍晚和朋友走回家，树下散落着一地的阴影，两个人哼唱着一首与环境格格不入的《红日》；想到同学偷偷带回来与我分享的零食……这些并不是多么有意义的画面，但无论是回忆起毕业典礼，还是想起同学，总是有一种温馨的小幸福感。是因为这些事情都与朋友有关而让我感到了留恋和不舍呢，还是因为这些事让人感觉慵懒而温暖呢？

生活是很多具体而抽象的事情。

譬如成绩。我们现在读书，将来可能不一定能做自己最想做的事情，但用功读书，至少可以让将来的自己不用做不想做的事情。

很多人说自己"懂得太晚"，但其实我觉得学习用功不分早与迟，只怕你用"懂得太晚"作为你被迫谋生、让工作剥夺你的生活的借口。

譬如离别。父母与子女的离别和目送，不仅仅是现实的，还有心中的"代沟"与思想的千差万别导致的渐行渐远。虽然彼此在思想上可能渐行渐远，但我们爱对方的心从未变更，仍然支持对方。正是由于父母的目送与支持，才让我有着渐行渐远追求所爱之物的勇气。所谓"子女"，就是为了身后那关心的目光而不断坚持，想回头又害怕放弃的人吧。

在考量自身存在性时，便会考量自己的锚点何在；在考量一件事是否有无用之用、是否有意愿完成时，便在考量事情是否为小确幸。而这些意识上的能动所推动的实践，构成生活的一切，最终你所想的、你所愿意的，是否是你的生活，便要看想了多少，又做了多少。

在不断的思考中，人会对自我有深入的了解，感受到世界上不仅有前人列出来的诸多路径，也更有自己心之所向、行之所往的，即使这条路在其他人看来没有意义，但意义从来都是人为定义的。要学会享受无意义的事情，更要明白一件事，只要对自己有正向的影响，那它对个体而言就并非无意义的事情。不要因为在功利的氛围里，就害怕享受属于自己的时间，这何尝不是一种对自己的器化呢？

对思考的重视与意识的关注，会让人从自身最本真的愿望出发，获得明晰的行动方向，而映射到现实中，便是对自己所处舒适圈的打破，让自己处于一种需要思考与行动才能适应环境的境地中。每个人都有自己的舒适区，这是一个由习惯、经验、恐惧糅合而成的区域。在其中，我们安全而自在，但也限制了我们的成长与发展。所以，只有在自身意识到自己内心的渴求，深入了解自我，对各种来源的信息进行整合与学习之后，我们才能在现实中设定合理的目标，以内生动力应对外在挑战，突破既有的局限，实现能力上的进步与舒适圈的突破。

当我们的自我认知不断深入时，便会感受到思想的深度与广度在拓展，而在现实中的成长则拓展了生命的深度与广度。这就是，当你瞄准月亮时，即使失败了，你也能感受到自己在落入无数璀璨星辰而非无尽的黑暗中。所以，很重要的一点就是，多探索。只有探索了、体会了、亲身尝试了，才能下定论，这是一种什么样的经历，这亦是"君子不器"所强调的，不要受到器物的限制，不要受社会的限制，不要被自我固有的思维模式框住，多尝试，丰富自我。

从《论语》的君子不器，到《道德形而上学奠基》的人是目的，再到《庄子》的无用之用、《人间词话》的无我之境，以及《乡土中国》《兰格汉斯岛的午后》，每本书中都具有现实意味的锚点、确幸、生活。我深知阅读没有标准答案，每个人都可能有不同的个人体会，每一次阅读也有不同的思考，便也更加感慨不同时期阅读不同时代的这几本书竟能让我迸发出对人的价值的重重思考，对我的思考过程提供了如此大的帮助，最终让我自身逻辑自洽。这或许也是思考之重要的又一佐证。

以思考为指南，在旷野中徐行。以自我和他人为目的，不以物为目的，亦不让自身器化。在人生的旷野中，不要被功利化的社会与快节奏的社会所裹挟，不要被固有思维、刻板印象所限定，以适合自身的速度不急不缓地走着，没有特定的过程与人生节点，一切风景都是属于个人所有的特别的生命体验。你总会在一次次的思考中，知道自己从哪来，向哪走。林清玄先生说："有航道的人，再渺小也不会迷途。"即使独行，亦要笃行。

# 学 者 简 评

    康德说"人是目的",孔子说"君子不器"。如何做人,的确是人生哲学最根本的主题。雷文思同学就此展开了她自己的阅读、思考和实践,可谓"斐然成章"。事实上,2018 年世界哲学大会,来自世界各地不同文化传统的哲学家齐聚北京,他们探讨的主题就是"学以成人"。而所谓"博雅通识"(Liberal Arts)的教育理念,就是要培养出具有较为深厚的文化底蕴与科学素养的精英,能够从容自由地应对世间事物的瞬息万变。在今天知识大爆炸的时代尤其如此:技术手段飞速发展,学习能力、胸怀素养、人格品性更为重要,"自由而无用的灵魂"能让一个人这辈子成就更大的事业。中国古人经常讲所谓"成己成物",人生的意义不外乎既成就自己,又成就他人,乃至造福于人类社会。雷文思同学其勉乎哉!

——上海财经大学人文学院副教授　王格

这是一部现实主义小说，也是小说化的家族史。作家高度浓缩了中国西北农村的历史变迁过程，达到了思想性与艺术性的高度统一，特别是主人公面对困境艰苦奋斗的精神，对今天的大学生仍有启迪。这一鸿篇巨制全景式地表现了中国当代的城乡社会生活的作品，共三部。作者在近十年间的广阔背景下，通过复杂的矛盾纠葛，刻画了社会各阶层众多普通人的形象。劳动与爱情，挫折与追求，痛苦与欢乐，日常生活与巨大社会冲突，纷繁地交织在一起，深刻地展示了普通人在大时代历史进程中所走过的艰难曲折的道路。

路遥著

平凡的世界

第一部

茅盾文学奖皇冠上的明珠
激励亿万读者的不朽经典
深受老师和学生喜爱的新课标必读书

《平凡的世界》，路遥著，北京十月文艺出版社，2017

# 作 者 自 述

　　赵江玥，女，现就读于上海财经大学信息管理与工程学院交叉科学实验班（2023级本科生）。

　　人世十八载，书籍与我相伴良久。我热爱阅读，热爱写作，也从未停止在文字中寻找自己，洞见社会，探索人生意义。

　　江上清风，山间明月，得之为声，遇之成色。来到这个世界，看花怎么开，水怎么流，太阳如何升起，夕阳何时落下。经历有趣的事，遇见难忘的人。想在与书籍、自然和世界的互动中，成为一个完整的人，拥有一个有趣的灵魂，干净而纯粹，善良而温暖，无所忧虑，无所畏惧。

　　愿读万卷书，行万里路，见识世界的辽阔博大，亦品味人间烟火的浪漫。

　　愿识乾坤大，亦怜草木青。

# 平 凡 之 路①

　　人生像是一条道路，蜿蜒至无穷。白天与黑夜交替，山路与平地交替，我们是永恒的行者，为自己的信仰朝圣。

## 夜半：徘徊着的，在路上的

　　当清晨的阳光如暖融融的金子再次洒向大地时，少平抬眼望着他眼前熟悉的黑黝黝的煤炭、绿黄相间的山野，蓝天上太阳永恒的微笑，眼里忍不住涌满泪水。是的，他又回到了大牙湾煤矿，迎接他的是全新的生活，风中依稀吟唱着那曲赞美青春和生命的歌……

　　书的开头，孙少平是个连"丙"菜都吃不起的穷困的农村学生；书的结尾，孙少平是个身有残疾的普普通通的煤矿工人。从头至尾，孙少平都没有能够脱离所谓的"社会底层"。可时至今日，每每想起《平凡的世界》，想起孙少平，这个人物的自尊都令我汗颜。他用庄稼人的吃苦耐劳解决了最基本的生存问题，更令人难以

_____

① 第三届上海财经大学"阅读之星"获奖作品。

忘怀的是他手中自始至终都不曾放下的那一本本书。

　　少平在世俗的眼光里或许是彻底失败的，无名无利，在黑不见底的煤矿工作，甚至可能随时遭遇生命危险。但正如余华所说，生活是属于每个人自己的感受，不属于任何其他人的看法。在这个愈加功利的社会里，每做什么事情前，我们都习惯于用一把秤在心中仔细衡量利弊——究竟怎样做才能让自己的利益最大化，究竟怎样才能让我们在这个社会获得成功，无形之中，我们把自己变成了精致的利己主义者。因此当我在书中看到兰香在北方工业大学读天体物理时，我为她感到由衷的自豪，不仅是因为她的家人对她的支持，他们从没去计算学习这些抽象、遥远的东西有什么用，以后能找到什么样的工作；更是因为兰香的选择出自内心纯粹的热爱与清澈的理想。这在如今看来，属实难能可贵。大家都在平凡的生活里安然自得，用汗水和努力为自己打拼出一片天地，不与世界争辩，而是用劳动彰显出自己生命的价值。

　　在现代市场经济中，人们逐渐迷失了生命最初赖以生存的根基，恐惧和贪婪一路攻城略地，那些看上去金玉其外、高不可攀的事物，其实大多如同梦幻泡影，不堪一击。所以生活在这片土地上的你究竟想做什么，又想成为谁呢？是顺从命运的安排，还是勇敢地面对这个世界？也许最多的一种答案是，趁年轻出去看一看，无论如何要见识这个世界本来的面目。就像孙少平渴望独立地寻找自己的生活一样，哪怕比农民更苦，哪怕只是在黄原城成为一名流落异地的揽工农民，只要能像一个男子汉一样去生活，他都觉得值得。正当年轻气盛，不可丧失时机和勇气，否则那个梦想就将永远只是梦想。就这样，他带着十几块钱，背着一点烂被褥，提着一个破黄帆布提包，赤手空拳来到这片陌生的"新大陆"，领着微薄的工钱，做着最重的活。我常思索：为什么少平要放弃村里安稳的生活，为什么他宁愿受着这样的苦也不愿回头再到自己的家乡去？他究竟为了什么？时过境迁，随着年岁的推移，我逐渐明白了——是为了走出去的那种执念，为了追寻自由与独立，最重要的是，为了自己的理想，为了不枉来到这世上走一遭。

在现代社会中，焦虑和迷茫是常态，我们常常感到疲惫、缺乏动力，事情如潮水般涌来却又不知从何处着手。原因是，那些都不是我们真正想要的。就像农田包产到户后农民们种地的积极性大增，每天起早贪黑、尽力劳作；亦像少平在每天吃不饱饭的情况下也要想尽一切办法读书。人被限制在模板中生长时，不可能成为自己真正想要的样子。理想的教育不是摧残一部分天性而去培养另一部分天性，因而造成畸形的发展；理想的教育是让天性中所有的潜蓄力量都得以发挥，所有的能力都得到平均调和的发展，以成为一个全人。

在这种意义上，我才真正理解马克思关于社会主义的终极目的就是人的解放这一观点，人的解放同人的自我实现一样处在人跟自然的生产性相关联、相统一的过程之中。我们总在追求自我实现，追求自己想要的生活。当现在人与劳动的关系逐渐异化后，那种看上去有些老土的追求反倒成为人间最珍贵的财富，如此看来，哪怕是社会进步了，也无法让我们相信自己真的就比少平生活得更快乐、更有价值。

## 破晓：我曾经跨过山和大海，也穿过人山人海

苏联式现实主义的写作风格，质朴而沉重，简练而有力，近似

白描一般快速勾勒黄土高原的独特风貌。作者毫不吝啬地大量使用传统的陕西方言——那种如今看来朴实中又带着些老土粗俗的话——来叙写这个故事，一下子拉近了时代和地理上的隔膜，让我们深入黄土高原那个普通但又充满着故事的小镇。

从 1975 年春到 1985 年春，这个"平凡的故事"横跨了改革开放和中国快速发展的十年。对于这样的史诗巨变，作者巧妙地选取了一个小切口来叙写一个涉及成千上万人的大故事。洋洋洒洒 150 万字，讲了多少个故事，这些故事被印在历史的记忆中，最终汇聚成汩汩流动的长河。说是汩汩流动，而非波澜壮阔，是因为这些故事本身就是平凡的，平凡到我们似乎都可以看到自己的影子。

有时我想象自己是一个电影导演，当我以远镜头来看整个中国时，只能看到朦朦胧胧一片，但对具体的人和事却一无所知，而当我把镜头聚焦到一个小范围时，那里的人和生活便鲜活和具体起来，就像有人用一台大摄影机不声不响记录下了这一切。在电影里拉着远镜头如梦似幻地看着别人生活中的一切，好像与我们没什么干系。而等镜头靠近，看着熙熙攘攘的人群，才发现自己的影子竟也在那幅画面里。那感觉，就像拿着一个高倍放大镜对着黄土高原上那样一个小点无尽放大，最终细腻到可以看见每一个人，看见每一个人脸上的神情、内心的想法。而将这放大镜拿起来后，一个具体的点的喧嚣，全部消失于那一片风平浪静之中。无数个体的命运，在时代大背景下无尽延伸。

我们不妨让目光回到作者路遥身上，这样一个普通农民家长大的孩子，最终埋骨于黄土高原这片生养他的土地。这不由得让我想到罗兰·巴特有关作者之死的观点，写完一部作品就仿佛是诞育一个生命，至于作品今后怎样、世人怎样评价，就再与作者无关了。

故事永远只是故事本身，至于作者自身的想法，早已隐匿于历史对作品再创造过程中赋予的意义和价值之内。

那么，今天的我们为什么还要读《平凡的世界》这本书？

这只是一个平常到不能再平常的故事——关于中国大地上一个普通的省，一个普通的市，一个平凡的县城，几个村庄里，那几户清苦的人家，生命中的那十年。这样的颗粒度，放眼中国，就像一粒沙子之于一片沙漠，一滴水之于一片汪洋大海。是的，若非作者的记叙，我们又怎么会想起、会关心这样的一段历程呢？书中的情节对于如今生活在大城市中的我们已经难以想象，有人说，那是低俗、陋习。而我却想说，是现在的许多人没有吃过苦，他们不懂得真正的农村生活是怎样的，也不知道自己今天衣食无忧的生活究竟从何而来。以这样的眼光去看待过去的生活，是不合理的。就像50年后的人们再来看如今我们的生活，一样会毫不吝啬自己的嘲笑，说我们这是未开化、不文明。但实际上，所有的现在都出自过去那段哪怕不堪回首的过往。那时流行时髦的东西虽然在如今看来老掉了牙，但每个时代自有其命中注定的故事。

我从未想过以同情的眼光看待他们的生活，同情和怜悯本质上是一种俯视，是以一种居高临下的态度用自己的标准评价外界，而这种意义上的对话本身就是不平等的。人本无三六九等之分，金钱、地位上的差距不足以成为人生差距的理由。读了《平凡的世界》，会发觉我们的头脑中残留着过去思想的影子，常常不敢真正向前迈出那一步；会明白我们要敢于放下世俗的评价标准，勇敢寻找属于自己的答案，终有一天我们会发现，我们在人生旷野上的轨迹如我们心中所愿。

## 日中：向前走，就这么走

梁漱溟先生说："人一辈子要解决三个关系：先要解决人跟物之间的关系，接下来要解决人和人之间的关系，最后一定要解决人和自己内心的关系。"

面对时代的浪潮与变迁，是该坚持初心，走一条困难的路，还是随波逐流，走一条轻松容易的路？是被诱惑迷乱了双眼与心智，还是始终坚守内心的那片净土，追逐自己的月亮？这并不是容易回答的问题。哪怕是二流子王满银，也会在某一瞬间突然醒悟过来，痛哭流涕，每个人的人生都有机会。书里有句话说得很对："有时候，往往一个极偶然的因素，就可能会改变一个人的生活……人啊，真是不可思议！"

在书中我看到有保守如双水村的老党委书记田福堂一样的人，当大家都已开始实行"分产到户制"时，仍不肯放手过去的集体制生活，如同在一场大爆炸中遭遇了严重的脑震荡，从此人的精神迅速颓丧，家境也每况愈下，以自我为中心的保守思想和狭隘被时代的洪水冲烂得彻底；也有前卫如孙少安者，乘着时代的东风，冒险点燃熊熊的烟火开启了烧砖事业。一个人站在人生的十字路口上，究竟应该选择什么？是听天由命，从此唉声叹气过下去，还是选择再向命运赌一把，追寻自己心中珍视的东西？命运的棉线如游丝般细密地缠绕，牵引着每个人生命的轨迹，让我们看到生命本身的千头万绪和无可奈何。面对生活的戏剧性，我们永远也无法预知明天和意外哪个会先来，那不如就做好现在。书中生活在过去的那些人，很少有悲观伤感的想法，更没有无谓的拉扯和纠缠，日子风风火火，那样的生活是令人羡慕的——他们深深地扎入生活，吮尽生活的骨髓，过得扎实、简单，把一切不属于生活的内容剔除得干净利落。

我又回过头来看看自己。我自己也只是一个普通人，时常带着些自卑感，拼命伪装，像石圪节公社把孙少安全部的家当连带着父母的房产勉强结算完还凑不够的那个假冒"冒尖户"一样，表面上挺直了腰杆接受路人的掌声，其实手心早已紧张发汗，深知自己的心虚。面对这个世界，有时会感到眼花缭乱，感到自己正在背离初心。眼前的东西太多太多了，就像少安第一次进城住旅馆看到雪白的大床和带着淋浴室的厕所感受到眩晕与不可思议一般，我也带着迷惑又带着沉醉，醒着、梦着。我会怀疑自己的行为，会拼命地想回到过去，不想融入每一个让我难以承受的瞬间，我常想，要是时光能倒流，是不是一切都会好起来。我不用再和自己斗争，不用再和困住我的水泥、玻璃、金属斗争。但双水村的村民会告诉我，在改革开放前，作为一个农民，能吃饱穿暖就已经是一辈子最大的奢望了，他们穷了一辈子，也没能走出这村庄。而如今我所面对的烦恼，是他们从不曾设想过的。这是某种意义上的革命，是传统与现代的争端——在不断向前发展的同时，我们也在逐渐背离生活的本质与人类的本性。我们的生活真的比过去幸福吗？我想不一定。即使今天人们已经在物质上得到极大的满足，梦想着那些曾经想也不敢想的东西，但是精神上的紧张和虚无却是难以掩饰的。而过去的人们，尽管物质条件落后，但他们总是怀揣着一种对土地和自然的真挚敬意，一种强烈的走出农村、改变命运的冲动。这种对于土地和自然的真挚敬意，我愿称之为信仰；这种对于命运的反抗与不屈服，我愿称之为奇迹。

## 日沉：冥冥中这是我唯一要走的路

正如作者路遥在书中所写：

"我庆幸降生于这个伟大而值得自豪的国度。它深厚的历史文化，辽阔的疆土和占地球的五分之一的人口，使得其间任何人的劳动都能得到广大的支持，同时产生广泛的影响。无论我们曾经历了多少痛苦和磨难，且还将要面对多少严峻考验：也不论我们处于何种位置何种境地，我们都会为能服务于伟大的祖国和如此众多的同胞而心甘情愿地献出自己毕生的精力和才智。

"其间包含着青春的激情，痛苦和失误，包含着劳动的汗水、人生的辛酸和对这个冷暖世界的复杂体验。更重要的是，它也包含了我对生活从未淡薄的挚爱与深情。至此，我也就可以对我的青年时代投去最后一瞥，从而和它永远告别了。"

文学的本质是人。

在人群的穿梭不息、摩肩接踵中，不知从身边经过的哪一个就会是拎着假皮公文包的孙少安，哪一个又会是灰头土脸的孙少平，抑或是那个满身假货的二流子王满银。

生命本身已经给予我们太多奇迹，与人世间的一场相逢足以令我们为之付出汗与泪。我们像是演员，在舞台上表演着自己的角色，终究会等到谢幕离场的那一天，但我们看到大多数人在尽力演绎直至终章——我们真诚而充满激情地在这个世界上生活，竭尽全力地劳动，并不计代价地将自己的血汗献给了不死的人类之树；我们都在尝试突破生命本身的束缚，哪怕知道最终的结局。

在无数次尝试和跌倒后，在跨过山和大海也穿过人山人海后，回头望去，细细品尝生命那微苦而又熨帖的味道，才知我们与野草野花、芸芸众生并无二致。

## 人定：直到看见平凡才是唯一的答案

清晨的第一缕阳光、新鲜的空气、为生活而奔波的人流，都成为这个世界上最为珍贵的风景——哪怕我们注定普通，但是在这片平凡的大地上，只要奋斗，希望就永远存在。

生活似乎令人难以置信地走了一个圆，我们终究还是要回归那个世界——那是属于你的，属于我的，属于我们每一个人的，平凡的世界。

# 学 者 简 评

　　赵同学的这篇散文《平凡之路》以夜半、破晓、日中、日沉和人定这五小节组成，通过对路遥小说《平凡的世界》中孙少平形象所蕴含的精神特质的解读，感悟到当代社会也特别需要孙少平的那种"为了能自由自在追寻自己生活的独立精神""为了不枉活在这世上走过的一遭"的执着信念和精神力量，回答了自己提出的"今天的我们为什么还要读《平凡的世界》这本书"这一问题；从小说里每一个平凡小人物身上，看出那种"深深地扎入生活，吮尽生活的骨髓，过得扎实，简单"的质朴之心和对土地自然的无比敬畏和热爱（甚至可称为"信仰"），以及那种堪称"奇迹"的对于命运的反抗与不屈服，以此对照深陷物欲之海、焦虑迷茫的当代人，不失为一剂治"当代病"的良方。难能可贵的是，在文章的最后，赵江玥领悟到生命的珍贵在于"看到平凡"，又能安于平凡中的"奋斗"，才是唯一的答案。

　　对小说的解读和点评始终交织着对自我和当代生活的反思，五个小节在时间线上形成了一个一天的闭环，暗喻生活周而复始的循环，与始于平凡又终于平凡的思绪相呼应，文字流丽、文采斐然又有一定的哲理思考。

——上海财经大学人文学院教授　姜云飞

# 作 者 自 述

　　贺飞扬，女，现就读于上海财经大学会计学院财务管理专业（2023级本科生）。

　　文字的力量是无穷的，经典的魅力是无限的。在求学的路途上，对文字与经典的理解与喜爱也逐步加深。喜欢用文字记录生活，也喜欢用文字记录阅读的感受。阅读和写作为我提供了良好的情绪价值。阅读和写作的时候，我觉得自己可以沉浸在自己的小小世界里，就好像进入了林清玄所说的每个人的"小千世界"，不受外界打扰，不必胡思乱想，只要单纯地与文字做伴。我觉得这样的时光是愉悦的、沉醉的。通过这样的方式去认识与理解世界，也是一种独特的体验。

# 在 路 上

## ——读《平凡的世界》有感①

"其实我们每个人的生活都是一个世界，即使最平凡的人也要为他生活的那个世界而奋斗。"

笑中含泪，痛里带甜，苦难与幸福交织，辛酸和欢乐并存。这是《平凡的世界》中几乎每一个人的生活，同时也是现实的平凡的世界，是大多数人的人生。苏轼有诗："人有悲欢离合，月有阴晴圆缺，此事古难全。"我想，《平凡的世界》便是从这样类似的视角，记录了几代平凡的人为各自平凡的世界奋斗的历程。

无论悲欢离合，平凡的人们始终在人生的路上前行。

## 悲

"当天边那颗星出现，你可知我又开始想念，有多少爱恋今生无处安放……"每当我听见《假如爱有天意》这首歌，脑海中就会浮现出孙少平一步一步爬上古塔山孤身去赴与田晓霞的两年之约

---

① 第三届上海财经大学"悦读达人"获奖作品。

的背影，已故的爱人的身影在他的面前时隐时现，他甚至幻想晓霞的牺牲只是一个玩笑。但当他真正走到目的地时，望着空空的树下，那种贯彻心肺的痛与悲才真正蔓延。

《平凡的世界》中的爱情悲剧有太多。只有一面之缘便匆匆离别的藏族姑娘是金波心中的牵挂，找寻无果后的那首《在那遥远的地方》透出无尽悲凉；"你是人民教师，而我只是个农民。"身份的差距与心理的自卑让孙少安和田润叶注定无缘，亲密的青梅竹马终是变为形同陌路的两个人；田润叶的软弱与善良也造成了她不幸的婚姻，本就不存在的感情让她无法接受李向前，而李向前一心的欢喜终究被润叶的冰冷浇灭，两人皆陷入无尽的自我折磨，痛苦不堪。

感情的失败与悲伤仅仅是平凡的世界中的一小部分，世事无常，有时不甚在意的告别或许便成为最后一面。因为"偷水"而造成的奔涌而下的大水成了金俊斌意外身亡悲剧的罪魁祸首，之后引出一系列剪不断理还乱的家庭琐事与丑闻又何尝不是一场令人哭笑不得的闹剧，甚或悲剧？郝红梅经历感情失败后嫁得良人，丈夫却因窑洞的坍塌失去生命，这是无妄之灾，更是命运对郝红梅开的一个巨大的玩笑。对孙少平关怀有加的师父王世才为救另一位徒弟安锁子牺牲，留下家中妻子与年幼的儿子明明，"家里的太阳永远地陨落了"一句话足以概括这一事实对这个家庭的打击。

小说中的金俊斌为人憨厚老实、踏实能干，虽没有两位哥哥精明，却与村里的人们都保持了友好的关系；郝红梅的丈夫对她很好，家里光景虽然不算富裕却也安乐；王世才为人善良热心、真诚朴实，他对孙少平的成长产生了极大的影响，他的一生虽然短暂，却绽放出绚丽的光彩。可以说，以上提到的三位都是我们常规意义上的好人，但他们都没有得到命运的偏爱而早早离开人世。我在阅读时有时也会因为这样的遗憾而抱不平，但这才是发生在平凡的世界中的真实景况。这样的悲剧的发生并不在人类掌控当中。

人生可能会经历悲哀，命运是残酷的，而在这平凡的人世间，我们所能做的只是积极乐观地过好每一天，竭尽所能做一个好人，如果能够让他人因我而幸福便是更高一层的人生境界。尽人事，听天命。不求改变天意，但愿问心无愧。

## 欢

"生活中的每一个人都在不断失去自己最珍贵的东西，但生活仍在继续。尽管如此，人们仍然可以通过劳动和生活中的各种经历来找到快乐和满足感。"

我清楚地记得明明第一次见到孙少平带来的小狗小黑子时发自内心的那种欣喜，那是独属于那个年纪的小孩子的单纯的天真的欢喜，不掺杂其他任何复杂的情感，不被世俗污染的。这样纯粹的快乐是在这个平凡的世界上的大多数人的童年都感受过的，也只有在无忧无虑的童年时光，我们才能够不费吹灰之力地获得快乐。每当在书中看到明明因为看似微不足道的小事而欢喜时，我都觉得自己仿佛也回到六七岁的时光，与明明一同经历那些生活当中的小确幸。

我喜欢看书中孙少平与田晓霞一起读书讨论的片段，无论是他们只是朋友的时期还是他们成为亲密恋人的时期，那种有人愿意倾听自己、理解自己的欢喜是极具感染力的。"有没有比你更宽阔的河流，爱涅塞？有没有比你更亲切的土地，爱涅塞？有没有比你更深重的苦难，爱涅塞？有没有比你更自由的意志，爱涅塞？"坐在苹果树下的孙少平和田晓霞一同深情地朗诵了《白轮船》中的诗句。那时的他们无法预料未来会发生什么，满怀对生活的深深感慨与对未来的美好向往。我想，在只能听到自己与对方激动的吟诵声的那一刻，世界是安静的。我始终觉得，孙少平与田晓霞在精神文化层次上是绝配的，他们对于文字的理解并非完全相同，但都极富自己的思考，因此二人交流时总会碰撞出别样的火花，迸发出强烈的激情与快乐。"我们原是自由飞翔的鸟，飞去吧！飞到那乌云背后明媚的山峦，飞到那里，到那蓝色的海角。"田晓霞在火车铁轨上为孙少平吟诵了这首《囚徒》。青春的美好与热血在这首诗中充分释放。

从那些质朴的文字，我看见书中很多主人公的笑颜。孙玉厚老汉的笑容应当是憨厚而真诚的，孙兰香的笑容应当是温暖而大方的，田晓霞的笑容一定是明亮而阳光的，孙少安的笑容一定是坚定而开朗的……还有好多好多鲜活的、明媚的人，他们或许正在为着他们平凡的生活中的一场"战役"的胜利而欢喜、庆祝。我喜欢看见人们的喜悦，虽然可能欢乐在有些人的生命中不是主旋律，但在美好降临的那一瞬间，欢喜是充满感染力的，氤氲着明朗而温和的氛围，令旁观者也会由衷地绽放出会心的笑容。

在每一个幸福光临的时刻，愿我们是真正的快乐。

# 离

记得很久之前听过一句话，"离别才是人间常态"。或许生离，或许死别，结果都是我们与一些人慢慢走散。

　　当孙少平终于决定外出闯荡离开双水村时，母亲依依不舍地一路将他送到大马路上。此刻孙少平的心情应当是复杂的，胸怀中既激荡着对未来美好的期盼与做出一番事业的热血，又有离开亲人与家乡的不舍与依恋。彼时的他尚且年轻，激动与希望大概更多占据了他的大脑，冲淡了他离别的悲伤。然而，当我尝试从孙母的角度去看待这个场景，可以想见，不同于儿子对大城市的憧憬与乐观，对年轻的儿子的担心会始终盘踞在这位母亲的心中，令她发愁，也使她禁不住流泪。

　　《平凡的世界》中最让我遗憾的离去大概就是田晓霞的牺牲。我常看到的一种说法是，田晓霞是"仙女"式的人物，对此我颇为认同。这不是说她有怎样的美貌，而是我觉得晓霞就像是一个永远明亮灿烂的小太阳。虽然《平凡的世界》所描绘的场景大多在黄土高原，总让人联想到尘土飞扬的灰蒙蒙的场景，但晓霞每次出场，就仿佛拨开了云层与沙土，让温暖又明媚的阳光照射到每一个人的身上。她写给孙少平的那句"不要见怪，不要见外"令我记忆深刻，每次默念这八个字，我都感到一股暖流在心头激荡。晓霞的最后离去是因为在洪水中救助一个小女孩而被卷走，"在最后一瞬间，她眼前只闪过孙少平的身影，并伸出一只手，似乎抓住她亲爱的人的手，接着就在洪水中消失了……"这是田晓霞对孙少平单方面的告别，是仓促而沉默的，遗憾而不甘的，事发突然，以致她只来得及让爱人的面容在眼前短暂出现，没有时间感到恐惧与不舍便匆匆完成了这场只存在于想象中的最后的隔空相见，转身离去。而我们若从孙少平的角度去看待这次离别，他不是第一时间得知噩耗，这个残酷的事实猝不及防地降临在他头上，几乎将他击垮。

　　"但曾相见便相知，相见何如不见时。安得与君相决绝，免教生死作相思。"

这大概便是残酷的离别美学。

身处平凡世界的我们无法左右我们即将或者终将面对的离别，但可以珍惜当下。由于幸存者偏差，我们或许常常觉得世界与命运不公，质疑为什么别人拥有我们一辈子都得不到的东西。但如果真正脚踏实地去凝视我们所拥有的一切，就会发现实际上我们已经获得了很多很多。

心存感激，并且始终珍惜吧。

离别是生命的必经之旅，所以，在它到来之前，好好热爱生活，好好热爱这个世界。

# 合

有人说，每一次的离别都是为了更好地遇见。

郝红梅因学生时代的虚荣犯下过错而与顾养民分道扬镳，亲手了断了自己曾经想象过的美好幸福的未来。之后听从家里人的安排与一名小学教师成亲，丈夫对她很好，家庭也安稳和谐，但很快命运便残忍地带走了家中的顶梁柱，留下她与年幼的儿子苦苦支撑生活。令她难以忍受的骚扰、流言蜚语几乎让她崩溃放弃，但命运没有将她逼上绝路，她遇见了田润生。田润生在她苦难的生活中突然出现，带给她希望，带给她光亮，让她早就冰冷的无望的心脏重新开始温暖。在之前的章节中，虽然田润生因为与主要角色的关系一直有断断续续地出场，但我总认为他是一个没有记忆点的人。他软弱寡言、随波逐流，在各个场景里总像一个没有存在感的路人甲，但是自从与郝红梅相遇，田润生似乎突然鲜活起来了。田润生花了一年多的时间去积累与世俗抗争的勇气，当他再一次出现在郝红梅的生活里时，将不再离开。他也许无法说服他父母，但是说服了自己，选择属于自己的命运，他准备好了和强大的世俗压力对抗。

田润生和郝红梅的结局应当是一个相对美满的"合"，他们的相遇、相知、相合是一个相互救赎、相互治愈、相互照亮的过程，对平凡的人们来说，这已经是一种极大的幸福。

我想说的另一个"合"有些特殊，它并不是存在于人与人之间的，而是孙少平最终重新回到煤矿这件事。孙少平在矿下受了重伤后脸上留下了令他自己难以忍受的丑陋的疤痕，一度在照镜子后摔碎了镜子，但在妹妹提出让吴仲平给他调换安全的在城里的工作时却予以拒绝，伤好后重新回到了煤矿，做一名平凡的矿工。很多人都认为孙少平的行为难以理解，就此我想浅薄地谈一谈我个人对这件事的看法。

书中有这样一段话："他对煤矿有了一种不能割舍的感情。感情啊，常常会令人难以置信地决定一个人的行为……他在那里流过汗，淌过血，他怎么会轻易地离开那地方呢？一些人因为苦而竭力想逃脱受苦的地方；而一些人恰恰因为苦才留恋受过苦的地方！"一方面，孙少平在煤矿遇到了对他的人生产生重大影响的师父一家，在那里他体验到了如家般的温暖与关怀，他深深地感激也感到由衷的欣喜；另一方面，在大牙湾孙少平因为能力出众、能吃苦并且能使众人信服而成为班长，他在煤矿中流汗流血奉献自己，他的人生价值在某种程度上也在这里得到了实现。从孙少平的经历中可以看出，他是一个很特别的人，至少相比那些与他处于同等环境中的人是这样，与虚浮的物质满足相比，或许价值被认可肯定或是精神上的满足富裕更让他愉悦。当孙少平最终回到大牙湾时，小说的结尾这样写道："他依稀听见一支用口哨吹出的充满活力的歌在耳边回响。这是赞美青春和生命的歌。"

看到这里，我释然了。这是孙少平在经历了反复的纠结与苦难后向自己的青春与生命交出的答卷，这份答卷不一定被世人理解，不一定会收获丰硕的果实，但至少在与大牙湾重逢的那个瞬间，他没有后悔，将来应当也不会后悔。

我们没有能力预测我们在某时某刻做出的选择与决定会对我们未来的生活产生什么样的影响，世上也从来没有后悔药让我们回溯时光重新来过。条条大路通罗马，在自己的道路上以自己的方式努力着，终有一天会在正确的目的地与正确的人和事相遇聚合。

请相信，一切都是最好的安排。

行文至此，其实都只是对《平凡的世界》浅淡的一些个人理解。但我想，无人能够反驳《平凡的世界》的感染力与其文字表现出来的生命力。"那些粗粝的细节，那些奋力生活的轨迹，那些单调重复里的爱、责任和坚韧，真实映照着一个个普通中国人的日常。"这是《南方周末》2022年新年贺词中的一句话，我觉得用来描述《平凡的世界》也很合适。

书中很多主人公都有一种非常可贵的品质，就是在经历了生命的悲欢离合、品尝过生活的酸甜苦辣之后仍然热爱生活。这也是现实平凡的世界中我们大多数人的真实模样。

人生不可能一帆风顺，大大小小的风浪总是接踵而至；人生也不可能一直逆风航行，总有温暖的港湾让我们停靠，也总会遇到一些人与我们相伴而行，即使最终会在某个分岔口挥手告别。走走停停，哭哭笑笑，有时与同行者谈笑风生，有时孑然一身、沉默不语，但我们还是在这段无法预料的旅途上坚定地向前走着。我们大多数人是平凡人，不一定能够做出惊天动地的大事业，但在自己的道路上采撷钟爱的花朵愉悦自己，在有能力的情况下赠给他人并手留余香，也可以实现人生的价值与意义。

生活永远向前，我们都要积极又向上。

平凡的我们，永远年轻，永远在路上。

# 学 者 简 评

　　贺飞扬同学的这篇文章阐述了她对《平凡的世界》这部小说的理解。文章认为平凡的世界里,有悲欢离合,有酸甜苦辣,但平凡的人们仍始终热爱生活、始终砥砺前行。以此出发,文章分别以"悲""欢""离""合"为题眼,梳理、评述了《平凡的世界》里各类人物的生活以及其中所体现出的生命意识。文章对《平凡的世界》里的各色人物、重要事件等如数家珍,体现了作者对该小说的熟稔及思考之深入。整篇文章主题明确,结构清晰,且颇具特色,行文流畅,这些也体现出了作者的巧思,以及良好的文学素养与写作功底。

——上海财经大学人文学院副教授　陈成吒

《故事新编》最初在 1936 年由上海文化生活出版社出版，收录了鲁迅在 1922—1935 年根据古代神话、传说、传奇所改写的短篇小说八篇。本篇文章对其中的《铸剑》做了深入的讨论。《铸剑》曾题名《眉间尺》，取材自《搜神记》中三王墓的故事。

　　《故事新编》对神话、传说及历史"只取一点因由，随意点染"，"将古代和现代错综交融"、古为今用，针砭流俗，讽刺世事，批判社会。其艺术特色鲜明，表现在漫画化的勾勒和速写、夸张手段的巧妙运用，以及用极省俭的笔墨塑造人物。

故事新编

鲁迅：
鲁迅作品
单行本

《故事新编》，鲁迅著，人民文学出版社，2021

# 作 者 自 述

　　鲁帆，女，2024 届上海财经大学人文学院中国现当代文学专业毕业生，现任教于上海财经大学附属中学。

　　平素爱好阅读、写作，偶尔向一隅自然寻找静谧。"文学即人学"，在辗转求学、工作的时光里，文学以它的广袤无垠给予了我莫大的慰藉。于我而言，文学的意义在于成为自我，丰富人生未知的精神世界。于阅读中思索，于阅读中超越，是我永恒的追求。

# 胜 利 的 悲 歌

## ——从《铸剑》的"复仇者们"谈起①

　　《铸剑》一文在《故事新编》中占有独特的地位，它以极富传奇色彩的取材、神秘阴冷的艺术氛围和离奇曲折的故事构思，成为鲁迅小说创作中公认的佳作，甚至连一向谦虚的鲁迅本人也毫不犹疑地表示了对《铸剑》的偏爱，"《故事新编》真是'塞责'的东西，除《铸剑》外，都不免油滑"②。与"油滑"相对的，是鲁迅所言的"认真"——《铸剑》中藏匿了他太多隐秘压抑的心绪、亟待爆发的力量以及郁结深埋的忧思。这种苦心孤诣的"认真"反映到文学作品的创作上，造就了《铸剑》在叙事上的复杂与难解。因此，历来解读《铸剑》的学者往往从以下两条线索出发：一是考证小说的选材来源、定稿时间、版本流变等信息，关注鲁迅在1926—1927 年间的生平经历与思想变化，尝试与《铸剑》文本建立关联；二是聚焦于小说文本内部，以眉间尺、宴之敖等人物作为切入点，探讨鲁迅对"复仇"的态度，以及其作品中的复仇书写。

---

　　① 第三届上海财经大学"阅读之星"获奖作品。
　　② 鲁迅.致黎烈文［A］.见：鲁迅全集（第十四卷）［M］.北京：人民文学出版社，2005：17.

这两种研究思路无疑赋予了《铸剑》更多的阐释生命力，但也未能全面透视小说中的种种疑点：为什么眉间尺的断头和死亡是复仇的必要条件？为什么宴之敖者愿意牺牲自我完成复仇？为什么作者在复仇结束后花费大量的笔墨描写臣子、百姓的反应，其用意何在？正是这些矛盾为《铸剑》文本带来了分裂和冲突，使得小说呈现出有如戏剧般的张力。本文尝试通过拆解《铸剑》中所出现的"复仇者"形象——包括眉间尺、黑衣人等王权的复仇者，以及潜藏在文本中对旁观者实施"复仇"的隐含作者，发现鲁迅的"铸剑"想象不仅是"血债血偿"的复仇精神的集中体现，更意在对抗内心生发的绝望和外在强大的"无物之阵"，潜藏着鲁迅对国家、民族和青年的忧虑。"铸剑"看似刺向了仇敌，但胜利之外的悲鸣却不绝于耳，这正是《铸剑》文本内涵的丰富意蕴所在，也是打开鲁迅复杂内心世界的一把锁匙。

## 一、作为"孩子"的眉间尺

以"孩子"身份登场的眉间尺是《铸剑》中复仇的主要承担者。小说用两节的笔墨叙述了眉间尺复仇的缘起：得知父亲因铸剑被杀的真相，决计报仇。但由于眉间尺自身的犹疑不定、力量弱小，复仇难以继续。在遇到黑色人宴之敖后，眉间尺甘愿牺牲自己的头颅，并将青剑交付于他，复仇的情节继续展开。

回顾以上的故事情节不难发现，"眉间尺"这一人物在小说中是一个相对"被动"的存在，他的主体性往往受到其他人物的支配，而这其实正和眉间尺的"孩子"身份密切相关，作为"孩子"的眉间尺实际上经历了主体意识不断觉醒的过程，复仇的精神指引是促使他发生转变的最大契机。

　　小说伊始，"眉间尺捉弄落水老鼠"的镜头缓缓进入读者视野，一个优柔寡断、生性善良的形象轮廓被大致勾勒了出来。作者的视角不断地从局外人的全知视角变换到主人公眉间尺的内心——"'活该！'他一想到夜夜咬家具，闹得他不能安稳睡觉的便是它们，很觉得畅快""他又觉得很可怜，仿佛自己作了大恶似的，非常难受"①，眉间尺对老鼠的折磨出于纯粹的、天然的孩子的本能：因为老鼠的啮咬令他饱受折磨，因此决计报复。小说以直接引语的形式来传递眉间尺的内心活动，逼真而贴合。这样一个不及十六岁的少年，很难与复仇相联系，他唯有通过母亲的讲述才能承接复仇的使命。因此，在眉间尺和母亲的对话中，处处体现出他作为一个孩子的心理变化："能。说罢，母亲。我要改过……""眉间尺忽然全身都如烧着猛火，自己觉得每一枝毛发上都仿佛闪出火星来。他的双拳，在暗中捏得格格地作响"②。尤其是鲁迅通过这样的一句自由直接引语来表现眉间尺的决心："我已经改变了我的优柔的性情，要用这剑报仇去！"③　显然，这是对母亲言语的一种复述——作为孩子的眉间尺，对于复仇只有着模糊的概念和影影绰绰的轮廓，复仇于他是"间接"的，而不是直观的生命体验。这一时期的眉间尺更像是听从母亲命令的孩子，没有主体意识，也对复仇毫无热切的激情："他觉得自己已经改变了优柔的性情；他决心要

---

①　鲁迅.铸剑［A］.见：鲁迅全集（第二卷）［M］.北京：人民文学出版社，2005：432-433.
②　鲁迅.铸剑［A］.见：鲁迅全集（第二卷）［M］.北京：人民文学出版社，2005：432-433.
③　鲁迅.铸剑［A］.见：鲁迅全集（第二卷）［M］.北京：人民文学出版社，2005：432-433.

并无心事一般，倒头便睡，清晨醒来，毫不改变常态，从容地去寻
他不共戴天的仇雠。""但他醒着。他翻来覆去，总想坐起
来。"① 鲁迅在此处强调了眉间尺心理上的"毫不改变常态"和辗
转反侧——这位年轻的复仇者依然没有摆脱"孩子"的心志，具有
着精神转型上的焦虑。这或许可以看作鲁迅内在精神焦灼的文本表
征。厦门时期的鲁迅，内心始终无法排遣交织的愤懑与枯寂："我
靠了石栏远眺，听得自己的心音，四远还仿佛有无量悲哀，苦恼，
零落，死灭，都杂入这寂静中，使它变成药酒，加色，加味，加
香。这时，我曾经想要写，但是不能写，无从写。这也就是我所谓
'当我沉默着的时候，我觉得充实，我将开口，同时感到空虚'。"
此种体验令鲁迅觉得"惟'黑暗与虚无'乃是'实有'"。② 现实
的残酷，流血的牺牲，黑暗的沉重，民众的愚昧麻木，革命者的无
畏与惨状，这种种思绪交织在他的心头，令他同眉间尺一样在长久
的黑夜里徘徊迷茫——复仇是什么？到底要不要复仇？眉间尺故事
的书写遂成为鲁迅"以酒杯浇心中块垒"的写照，作为"孩子"
的眉间尺正是他对过往心态的检视和召唤，以此来窥视自我内在精
神之不成熟。

　　眉间尺在同黑色人相遇后彻底摆脱了"孩子"身份的桎梏：
他不仅毫不犹豫地献出了自己的头颅，其尸身也全无踪迹，成为
了复仇的直接参与者。这里有必要考虑一个问题，眉间尺为什么
会信任黑色人？对这个问题的回答是推断眉间尺之死和其复仇推

① 鲁迅.铸剑［A］.见：鲁迅全集（第二卷）［M］.北京：人民文学出版社，
2005：437.
② 鲁迅.怎么写［A］.见：鲁迅全集（第四卷）［M］.北京：人民文学出版社，
2005：18-19.

进的重要环节。首先，黑色人为眉间尺解围制敌，这是眉间尺信任他的前提。"他并不言语，只向眉间尺冷冷地一笑，一面举手轻轻地一拨干瘪脸少年的下巴，并且看定了他的脸。那少年也向他看了一会，不觉慢慢地松了手，溜走了；那人也就溜走了；看的人们也都无聊地走散。"① 欺侮眉间尺的干瘪脸少年，围观的群众，都被黑色人以"四两拨千斤"的力量制服。相较于眉间尺的"焦躁得浑身发火"，黑色人却是冷静神秘的存在。这样的帮助自然而然地会吸引眉间尺，因此当黑色人说出"走罢，眉间尺！国王在捉你了"② 这样的警示时，眉间尺旋即跟随了这种感召，这是其一。其次，黑色人的一番话真正拉近了他同眉间尺的距离。"我一向认识你的父亲，也如一向认识你一样。但我要报仇，却并不为此。聪明的孩子，告诉你罢。你还不知道么，我怎么地善于报仇。你的就是我的；他也就是我。我的魂灵上是有这么多的，人我所加的伤，我已经憎恶了我自己！"③ 这段话中至少潜藏着两层关于"复仇"精神的释义：第一，复仇精神的纯粹性。黑色人从一开始就否认了他的复仇并非"杀人偿命"这样的依据，"但我要报仇，却并不为此"。第二，复仇精神的同构性。黑色人同眉间尺之间似乎具有着某种隐秘的连接，"你的就是我的，他也就是我"，父亲、眉间尺、黑色人几乎是一体化的，这说明黑色人极可能就是复仇精神的承载者，一个抽象的化身。而他最后

①　鲁迅. 铸剑［A］. 见：鲁迅全集（第二卷）［M］. 北京：人民文学出版社，2005：439-441.

②　鲁迅. 铸剑［A］. 见：鲁迅全集（第二卷）［M］. 北京：人民文学出版社，2005：439-441.

③　鲁迅. 铸剑［A］. 见：鲁迅全集（第二卷）［M］. 北京：人民文学出版社，2005：439-441.

所言的"人我所加的伤"则说明经受了巨大的苦痛，甚至表现出极强的忏悔意识："我已经憎恶了我自己！"我们联想到眉间尺此前杀老鼠的情形，他既想杀死这弱小的生命，又为之感到抑郁和恐惧……从这个角度说，母亲让眉间尺去杀人，他是抗拒的，因为他的父亲恰恰就死于国王的滥杀之下，他"非常难受"，想要摆脱却又不得不承担复仇的任务。而黑色人似乎与他有着同样的体验——都是"伤"的制造者和承受者。这样同构性的体验使得眉间尺完全地信任了黑色人，将复仇任务全然地交接给他。正是对黑色人"复仇信仰"的全盘接受，眉间尺才真正理解了这种复仇的精神——他们不是报一己之私仇，而是共同反抗王权的暴政。这时的眉间尺终于感受到了复仇的意义，他优柔的孩子般的心性迅速褪去，而挥刀自刎的情节更显示出他精神上的转变与成熟。这一举动不禁容易让人联想到《史记·刺客列传》对于荆轲刺秦王事件的记述，荆轲劝说樊於期献头："愿得将军之首以献秦王，秦王必喜而见臣，臣左手把其袖，右手揕其匈，然则将军之仇报而燕见陵之愧除矣。将军岂有意乎？"樊於期最终慷慨赴死。虽然樊的献头是基于国家政治立场而不得不为之的举措，但其中所蕴含的为大义献身的"轻生死"的精神则是有史以来传承至今的。因此眉间尺献头也并非难以理解，而是同样可以看作为了"复仇"之大义而献出生命的精神的延续。至此，可以说眉间尺完全地告别了"孩子"的身份，摆脱了对于复仇的茫然、迷惘，而彻底地走上了复仇之路，这种"血债血偿""反抗绝望"的精神层面的转折或许正是鲁迅当时的心理转折。只是这种转折所需要的可能是生命的代价，未免不是一种悲壮。鲁迅不止一次对惨死的青年志士表示哀痛："惨象，已使我目不忍视了；流言，尤使我耳不忍闻。"① 鲁迅明白这种复仇所要践行的代价，因此这种"成长"中所隐含的悲凉也弥漫在整个小说文本之中，为复仇之歌的前奏增添了几分沉重。

## 二、黑色人的"献身"

如前所述，黑色人是复仇精神的承担者。有意味的是，黑色人身上有着清醒的自我批判和自我解剖意识，在他与眉间尺的交谈中即能发现他所言的"我已经憎恶了我自己"是指向自我魂灵的内省。结合鲁迅在《野草》中的思想体悟，黑色人对自我的认知有着和《墓碣文》一样的表现："抉心自食，欲知本味。创痛酷烈，本味何能知？"② 他们都厌恶了自身，都渴求以一种"自毁"般的形式探究自我的本质，获得对累累苦痛的解脱。早在1924年，鲁迅就有过类似的自剖："我自己总觉得我的灵魂里有毒气和鬼气，我极憎恶他，想除去他，而不能。"③ 作为启蒙知识分子，鲁迅经常性地反思自己身上是否残余着"传统"的因袭，是否也曾"吃过人"，是否也是这几千年吃人社会的一分子。他有着深刻的"反传统"的意识，力图抗争和摆脱黑暗传统文化所带给他的"毒气"和"鬼气"，但摆脱的途径就是自我精神的割裂与撕扯，这是鲁迅极为痛苦的精神体验。在《铸剑》中，鲁迅通过黑色人传递了这种

---

① 鲁迅.记念刘和珍君［A］.见：鲁迅全集（第三卷）［M］.北京：人民文学出版社，2005：292.
② 鲁迅.墓碣文［A］.见：鲁迅全集（第二卷）［M］.北京：人民文学出版社，2005：207.
③ 鲁迅.致李秉中［A］.见：鲁迅全集（第十一卷）［M］.北京：人民文学出版社，2005：453.

"反思"和"自省"的意识，因此，可以将黑色人视为一个具有反传统灵魂的复仇者，他与眉间尺、与各种历史传奇中所记载的复仇者的最大不同即在于，他所信奉的复仇精神本质上就不是出于何种"正义"的立场，不是为了家国利益和任何"同情、怜悯"，而是纯然的、毁灭王权的复仇，即使需要牺牲他的生命也无妨，因为全然的"憎恶"已经使其趋于在这场复仇中获得真正的解脱。这无疑是相当悲壮的，因为原本的"社会复仇"故事被赋予了强烈的残酷色彩，变成了"自我"的剥离和抗争，这也是为何在黑色人复仇的激越过程中有着深沉的、浓重的悲凉——复仇和献身交织在一起，使得文本有着强大冲击力。

由此再来审视黑色人来找国王寻仇时的"献身"举动："黑色人也仿佛有些惊慌，但是面不改色。他从从容容地伸开那捏着看不见的青剑的臂膊，如一段枯枝；伸长颈子，如在细看鼎底。臂膊忽然一弯，青剑便蓦地从他后面劈下，剑到头落，坠入鼎中，溯的一声，雪白的水花向着空中同时四射。"① 值得注意的是，黑色人的神情是"惊慌"的，但是举动上依然"从从容容"——他似乎早已预判过，也并不忧惧这样的献身，这正印证了他内在"反传统"的灵魂已经与复仇主题融为一体。谈及"献身"，此处还有一个值得注意的问题，那就是黑色人所作的歌与眉间尺所作的歌，都提到了一句"我用一头颅兮而无万夫"②，以"一头颅"的流血而避免"万头颅"的牺牲，意味着这种献身和牺牲是值得的。如果说鲁迅

① 鲁迅. 铸剑［A］. 见：鲁迅全集（第二卷）［M］. 北京：人民文学出版社，2005：447.
② 鲁迅. 铸剑［A］. 见：鲁迅全集（第二卷）［M］. 北京：人民文学出版社，2005：445-446.

在黑色人的身上倾注了自己的精神反思，那么黑色人的献身也在一定程度上体现了鲁迅对于"牺牲"的态度，那就是宁愿"自己背着因袭的重担，肩住了黑暗的闸门，放他们到宽阔光明的地方去"① 的"父亲"一般的担当。在《铸剑》的文本中，黑色人也确有着"父亲式"的指引，如他对眉间尺所言："我一向认识你的父亲，也如一向认识你一样。"在眉间尺与王撕咬落入下风时，黑色人毫不犹豫地自刎加入其中，实现了"眉宴合一"的复仇图景。而黑色人作为一个忠诚的复仇精神的践行者，他的献身和歌语也将原本单一的"子报父仇"推向了高潮，形成了某种隐喻——那以"一头颅"实现仇恨的方式，分明将复仇者抽象为强大的对抗"王"的力量，复仇具有了更普遍的意义：它是代替所有遭受苦难的人对压迫的反噬与吞没。虽然眉间尺与宴之敖共同完成了复仇的整个过程，但是连具有着神秘阴冷、客观冷静的宴之敖也殒身于这场复仇的风暴中，这为原本就悲怆的复仇增加了许多壮烈的色彩。以个体的力量抵抗浓重的黑暗，这又何尝不是胜利之外的悲鸣呢？

## 三、向"围观者"展开的复仇

《铸剑》具有多重叙事结构，除却眉间尺与宴之敖的相遇、宴之敖向王寻仇这两大明晰的线索外，鲁迅还花费大量的笔墨反复描写围观的场面。这显然和《铸剑》的复仇文不对题，仔细阅读这些围观场面，能够清晰地感知到隐含作者始终潜藏在文本内部，对这

---

① 鲁迅. 我们现在怎样做父亲 [A]. 见：鲁迅全集（第一卷）[M]. 北京：人民文学出版社，2005：135.

　　一切的复仇作"局外人"式的旁观，并向这群面目不一且模糊的"围观者"进行了一场独特的"复仇"。

　　首先是眉间尺出发报仇时所遇到的围观者。这人群中有"呆站"的男人、哭闹的女人与孩子，眉间尺时刻警惕着雄剑对人群的伤害，但"面前只看见人们的背脊和伸长的脖子"①。这场景复刻了鲁迅曾经在《示众》《阿Q正传》里所展示过的庸众看客，不难发现，在此处又形成了一种"看与被看"的关系：围观者看着将要出巡的王，眉间尺看着围观者，而文本中的隐含作者则在其背后冷冷地透视着这群旁观者的脊背。眉间尺对人群的善意并没有得到回报，不久就被一个"干瘪脸"的少年缠住，污蔑其"压坏了贵重的丹田"，这时闲人们"又即刻围上来，呆看着，但谁也不开口；后来有人从旁笑骂了几句，却全是附和干瘪脸少年的"，眉间尺"真是怒不得，笑不得，只觉得无聊，却又脱身不得"。② 这里鲁迅将围观的群众称为眉间尺的"敌人"，也是鲁迅反复阐述的启蒙者与庸众之间对立的体现。鲁迅曾在《娜拉走后怎样》中言："群众，——尤其是中国的，——永远是戏剧的看客。牺牲上场，如果显得慷慨，他们就看了悲壮剧；如果显得觳，他们就看了滑稽剧。"③ 他以北京羊肉铺的群众围观剥羊而产生愉悦举例，表达对围观者戏看生命、麻木不仁的愤慨。在眉间尺面对庸众的纠缠后，作者让黑色人出现替其解围，而黑色人在外貌、精神气韵上

①　鲁迅.铸剑［A］.见：鲁迅全集（第二卷）［M］.北京：人民文学出版社，2005：438.
②　鲁迅.铸剑［A］.见：鲁迅全集（第二卷）［M］.北京：人民文学出版社，2005：438.
③　鲁迅.娜拉走后怎样［A］.见：鲁迅全集（第一卷）［M］.北京：人民文学出版社，2005：170.

都与鲁迅极为相似。这样的情节结构可以说是隐含作者的首次"现身"——他借黑色人之手率先惩戒了干瘪脸少年等一众无聊之人，以冷峻的眼光对"围观者"实施了复仇的行动，并且隐含作者也有意识地提醒处于觉醒阶段的眉间尺：庸众的围观同样是其复仇要面临的一大困境。这和鲁迅对启蒙者的革命忠告是相吻合的。

其次是发生在宫廷的围观盛况。王在游山之后闷闷不乐，"上自王后，下至弄臣，看见这情形，都不觉手足无措"①，奴才们更是想方设法地为王寻求新的把戏。当有人寻觅到了宴之敖的"头戏"时，宫廷里呈现出各色人像："上自王后，下至弄臣，个个喜形于色。他们都愿意这把戏玩得解愁释闷，天下太平；即使玩不成，这回也有了那乞丐似的黑瘦男子来受祸，他们只要能挨到传了进来的时候就好了。"②鲁迅对这群宫廷中的"奴才"冷言相向，他们的身上体现了深受王权压制的黑暗的人性——不仅以看把戏作为享乐，更以寻求到替罪羊而感到欢欣鼓舞。他多次表达过"不惮以最坏的恶意"来揣测人性，在《聪明人和傻子和奴才》中，鲁迅以戏谑嘲讽的口吻讲述了"奴才心态"的产生，他们不仅不推动革命的"开窗"，反而以此来向"主人"求荣，此种愚昧、麻木的"跪久了"的奴才做派，最为鲁迅所不齿。③而《铸剑》中身处宫廷的这批围观者，或是"肉食者"，或是深受王的暴政的压迫的可

---

① 鲁迅. 铸剑［A］. 见：鲁迅全集（第二卷）［M］. 北京：人民文学出版社，2005：442.

② 鲁迅. 铸剑［A］. 见：鲁迅全集（第二卷）［M］. 北京：人民文学出版社，2005：443.

③ 鲁迅. 聪明人和傻子和奴才［A］. 见：鲁迅全集（第二卷）［M］. 北京：人民文学出版社，2005：221-223.

怜人，时时为自己的性命提心吊胆，却依然欣然自得地寻求宴之敖的出现成为他们的"替死鬼"，毫无怜悯、反思的意识。鲁迅也没有放过这群"奴才"般的围观者，巧妙地通过文本中的细节予以小小的惩戒：在黑色人指挥"头"进行歌舞时，"满庭洒下一阵热雨来。一个侏儒忽然叫了一声，用手摸着自己的鼻子。他不幸被热水烫了一下，又不耐痛，终于免不得出声叫苦了"①。读者读到此处或许能够体会到鲁迅在愤慨中潜藏的那种冷冷的"幽默"，隐含作者依然在密切注视着庸众的反应。再品读这戏谑似乎又有些悲哀的成分——眉间尺和宴之敖所处的环境是何其沉闷，连普通的奴才也有着吃人的面目，文本中的生死对抗、复仇冲突以及戏谑嘲弄、冷酷凝视都纠缠在一起，产生了巨大的张力。

最后是复仇结束后的"审头"和跪拜场景。复仇完成后，鲁迅花费大量的笔墨来描摹臣子王妃等人对"王头"的反应。这一文段充斥着难以言说的荒诞感，若干人围着三颗白骨似的头颅辨认"王"的身份，与此举动形成对照的则是臣子王妃们在观看"三头相争"时的漠然，在"一冷一热"的巨大反差中，作者实现了更大程度的戏谑与嘲弄，他似乎站在这群庸众的背后，对他们的虚伪、愚忠、滑稽发出阵阵冷笑。"审头"也使得复仇对象极大地被抽象、虚化，原本的复仇只是针对"王"这一个个体，而现在王已死，强大的"传统"思想依然存于这群庸众的内心。他们不为复仇者杀了王而感到解脱和喜悦，反而去为"王头"寻求一处合适的归宿，这种可怖的、无形的思想操控预示着敌人的强大、复仇的失败

① 鲁迅.铸剑［A］.见：鲁迅全集（第二卷）［M］.北京：人民文学出版社，2005：445.

和末日的降临。有研究者认为，"审头"场景是对复仇主题的消解
性叙述①。从叙事策略的角度看，这是有一定根据的——鲁迅将三
颗头颅都置于"被观看"的境地，表达颇有游戏性，复仇的崇高意
义也似乎消失殆尽。但从文本思想的角度来解读，鲁迅既然感知到
了庸众的思想麻木是复仇过程中的强大敌对力量，便不可能不对此
作出回应。在小说中，臣子王妃们所认为的"最慎重妥善的办法"
是"将三个头骨都和王的身体放在金棺里落葬"，这其实就是在逼
迫这群"围观者"不得不接受复仇精神，即使他们一心想要让
"王权"的身份复位，结果却是于事无补。同样，在随后的出殡跪
拜场景中，隐含作者再一次巧妙地对围观者予以嘲弄："几个义民
很忠愤，咽着泪，怕那两个大逆不道的逆贼的魂灵，此时也和王一
同享受祭礼，然而也无法可施"，"只是百姓已经不看他们，连行列
也挤得乱七八糟，不成样子了"。②《野草》中的《复仇》亦有对这
类麻木不仁心理的刻画："路人们于是乎无聊；觉得有无聊钻进他
们的毛孔，觉得有无聊从他们自己的心中由毛孔钻出，爬满旷野，
又钻进别人的毛孔中。他们于是觉得喉舌干燥，脖子也乏了；终至
于面面相觑，慢慢走散；甚而至于居然觉得干枯到失了生
趣。"③鲁迅的"复仇"策略即是让乐于观看的庸众"无戏可看"，
并使其兴趣逐渐枯萎。从这一层面解读，《铸剑》即不是对复仇精
神的消解，而是对复仇精神的再书写与再创造，它将永远存于愚昧

①　鲍国华.论《故事新编》的消解性叙述［J］.鲁迅研究月刊，2000，（12）：
50-56.
②　鲁迅.铸剑［A］.见：鲁迅全集（第二卷）［M］.北京：人民文学出版社，
2005：450-451.
③　鲁迅.复仇［A］.见：鲁迅全集（第二卷）［M］.北京：人民文学出版社，
2005：177.

的民众的心灵中，难以分割而融为一体。但这种胜利似乎同样难逃"浓黑的悲凉"，鲁迅面对"无物之阵"的担忧也从整篇文本中渐渐显露——民众的麻木、社会现实的黑暗远比启蒙者们想象得深广得多，在《铸剑》中，即使是宴之敖这样具有强大复仇力量的人也为之牺牲，即使是眉间尺和宴之敖共同杀死了王，民众的愚昧依然无法改变。应当说，鲁迅始终与启蒙主潮保持着一定的审视距离——他的复仇不是全然实现，而是充溢着孤独、怀疑、自毁等各种苍凉的质素。所以《铸剑》最终只是完成了形式上的"复仇"，这首胜利之歌却是何其悲壮。

综上所述，本文以《铸剑》中出现的或显或隐的复仇者们作为切入点，从作为"孩子"的眉间尺的精神成熟，到宴之敖为复仇而付出的英勇献身，再到隐含作者于文本中所采取的"复仇"策略，他们共同铸就了这把"复仇之剑"。这一漫长的复仇需要相当沉重的生命代价，并潜藏着鲁迅对于启蒙与革命的忧虑。《铸剑》正是因其独特的人物话语、叙事结构和深邃的思想意旨，成为鲁迅《故事新编》中的"认真"之作。

# 学 者 简 评

　　鲁迅的《铸剑》是一篇从典籍中取材，注入现代气息的小说。鲁帆从眉间尺的精神成长、黑色人的复仇、对看客们的"复仇"三个角度深入剖析了这篇小说的深意。这三个角度既是真实作者鲁迅情感、价值观的寄寓之处，也是隐含作者构建文本世界的整体架构。鲁帆准确地抓住了鲁迅与隐含作者的动机，抽丝剥茧地解析文本，从小说繁复、陌生的意象中凸显出其中蕴涵的复杂内涵。她的结论十分具有穿透力："《铸剑》中藏匿了他太多隐秘压抑的心绪、亟待爆发的力量以及郁结深埋的忧思。这种苦心孤诣的'认真'反映到文学作品的创作上，就造就了《铸剑》在叙事上的复杂与难解。"这篇文章体现出的细腻的文本解读能力、对研究对象的充分理解、严密的论证逻辑以及通畅准确的语言令人印象深刻。

——上海财经大学人文学院老师　徐仲佳

《政府论》，全称《政府二论：前者关于罗伯特·菲尔默爵士及其追随者错误的理论和根据被查明并推翻；后者关于公民政府的起源、发展和终结》，作者约翰·洛克是英国伟大的思想家、哲学家，他对后世政治哲学的发展产生了巨大影响，被视为启蒙时代最具影响力的思想家和自由主义者。

　　《政府论》下篇试图以自然法学说说明国家的起源和本质问题，正面阐述了洛克关于议会制度的政治理论。本篇从自然状态出发，批判封建极权制度，主张私有财产的不可侵犯、国家基于契约、立法权为最高权力、国家权力分立和人民有权反抗暴政等，系统地阐述了公民政府的真正起源、范围、目的。《政府论》在资产阶级政治思想上曾产生很大的影响，对英国政治、经济的发展起到了巨大的推动作用。

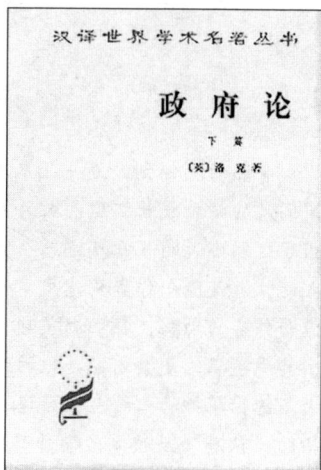

汉译世界学术名著丛书

政 府 论

下 篇

〔英〕洛 克著

《政府论（下篇）》，［英国］约翰·洛克著，叶启芳、瞿菊农译，商务印书馆，1964

# 作者自述

　　王晓诺，女，现就读于上海财经大学数字经济专业（匡时书院2023级本科生）。

　　大学的学习生活教会我最重要的一课是"理性崇拜"，这不仅仅是自然世界中的法则规律，还是社会生活中的智慧凝练。而这种理性的获得，离不开我们对经典的阅读与感悟。经典理论著作总是看起来离我们那么遥远，可是当我们真正走进之时，会感受到这些伟大的思想家散发的光辉，这光辉不是遥远的，而是早已浸润到我们的生活之中。大音希声，大象无形。或许我们永远无法达到伟人们的精神境地，但我们总能通过阅读一窥他们的精神花园。书页一翻，山川湖海就在眼前。

# 洛克《政府论》读后感<sup>①</sup>

　　2024 年初春，我有幸读了洛克的《政府论》下篇，收获颇多。《政府论》分为上下两篇，上篇为破，下篇为立，集中展示了洛克这位英国思想家重要的政治法律思想，他的思想代表了同时代政治学理论的最高成就，被后人誉为"近代资产阶级革命的《圣经》"。

　　这次我阅读的重点是其中的下篇。下篇主要从自然状态、社会契约论、政治社会和政府的组建等方面系统地阐述了公民政府的真正起源、范围和目的。洛克告诉我们：生命、自由和私有财产是人神圣不可侵犯的自然权利；为了保护人们依据自然法享有的自然权利，人们通过社会契约建立政府；当政府背叛了人民时，人民有权收回自己的权利，并有权重新组建新政府。这些思想可以说出色完成了为英国资产阶级革命辩护的任务，对英国政治、经济的发展起到了巨大的推动作用，成为现代民主社会的思想的支柱。读了这本书，引发了我对英国资产阶级革命及其所确立的制度的思考、对美国独立战争和法国资产阶级革命的本质的浓厚兴趣，也带给我关于中西方在政治差异上新的思考。

---

　　①　第三届上海财经大学"阅读之星"获奖作品。

　　在阅读过程中，我也遇到了一些困难和挑战。洛克的理论较为深奥，需要仔细思考和反复阅读才能理解其深意。书中洛克阐述了很多观点，我就其中的几个点谈一谈我的感悟。

　　当我读到了洛克关于**自然状态**的论述，我联想到了霍布斯的观点。他们都对自然状态提出了自己的见解，霍布斯把人对人的关系精妙地比喻为狼对狼的关系，他在《利维坦》里指出自然状态下的人生是"孤独、贫困、污秽、野蛮而又短暂的"（solitary，poor，nasty，brutish，and short）。霍布斯认为支配人内心冲动的，是一种恐惧，是一种死于他人暴力之手的恐惧，但他同时也提出除了恐惧之外，人还具有理性。在他的《利维坦》一书中曾有这样的描述："因此，这是自由地用他自己的判断和理性认为最合适的手段做任何事情的自由。"对于霍布斯来说，人可以做一切自由的事来保全自己的性命。结果就是人和人生活在一个恐怖的自然状态。在不断的反思下，人们利用自己最后的理性分析出，应该让权利进行转让，使之进入一种政治状态，国家这个庞然大物也由此出现。霍布斯认为这样一种自然状态对任何人都有一种生存威胁，所以人们最大的根本利益就是迅速摆脱自然状态进入一种政治状态，社会必须有权威。

　　霍布斯认为的自然状态是一种弱肉强食、不安定、不可忍受的战争状态，而相比之下，洛克所描述的自然状态要理想得多，他认为在自然状态下，人人都自由、平等、拥有自己的财产，人们遵循自然法即理性，以确保社会的运作。在我看来，两人对于自然状态的论述都是为了论证政府产生的必要性，同时为自身的政治构想提供合理的思想来源。对于霍布斯来说，政府之所以产生是为了停止战争状态，而洛克则在论述人人都可通过自然法对违法者进行处罚时，对人类的理性提出了质疑，于是，为了使成员在受到损害时能够在公共裁判者处申诉和决定争论，他提出了通过社会契约建立公民社会来进行补救，这也就解释了为什么霍布斯赋予君主无限权力而洛克支持有限政府。

洛克的**有限政府理论**给我留下了深刻的印象。他认为政府权力的来源是人们为了安全而转让的部分自然权利，政府的权力必须受到限制，政府必须实行法治。这样来看，这是一种有限国家，是一种有限政府。

在早期的自由主义的政治理论和经济理论当中，政府的角色都像是一个守夜人（watchman）。守夜人的主要职责就是保护民众的生命和财产安全，及时提醒民众可能出现的危险，并在危险后及时组织救援。我想用以色列的一项新政策为例来解释说明。这项新政策要求所有海滩管理部门必须按照随时出现的海面情况，及时更换上白、红、黑三种不同颜色的大旗。白旗表示此时风平浪静、达到安全指标而且岸上配有足够的急救人员，若游泳时出现意外，则政府将全权负责赔偿医疗费和赔偿金；红旗表明此时海面上有一些不正常的现象出现，劝告游人不要下水游泳，此时若出现意外，则政府与个人各负一半责任；黑旗表示海上情况极度恶劣，政府此时禁止任何人下海游泳，这时如果发生意外，政府仍会全力展开抢救，但被施救者要承担全部责任。当有破坏事件出现时，政府需要站出来使秩序得以恢复。除了保障这种秩序外，政府不能够越雷池一步。

人天生就有自然权利，这是人生来就具有的，是不可剥夺的。

所以政府是受到各种各样限制的，这是政府的一个特点。比如罗斯福新政期间，国家的权力大大扩张。人们对此感到不可思议，国家居然插手了其从未涉及的领域，成为经济活动的主体，把权力扩张到提供并且保障秩序之外。之后的里根主义和撒切尔主义则有所调整，为国家尽可能少地插足经济活动的传统观点注入新的力量。

古典自由主义是一种彻头彻尾的自由主义，讨论究竟是个体为了集体而存在，还是共同体为了个人而存在。这是一个优先级的问题。可以说，在西方政治体系中有更多的个人主义因素，但也强调共同体的重要性，我们可以先把个人主义理解成一种价值论的立场。因此在洛克的影响下，政府的权力被大大地限制，政府的主要职责是保障人民的自然权利，如生命、自由和财产的安全。洛克认为政府的合法性来自人们的授权，并且政府的权力应受到人民的监督和限制。

在有限政府中，法律的制定与各项制度均由人民同意，这一点与我国的人民代表大会制度有相似之处。我国的人民代表大会制度是由人民选出来的人大代表行使民主权利，保障个人权利和创造社会的公众福利最大化。

洛克在书中还阐述了政府的契约理论，这也是有限政府理论的基础，通过它，洛克引出了其社会国家论的精髓。政府权力被分散且被关进笼子里，主权在民的划时代思想得以充分体现。他宣称，政府在根本上依赖于被统治者的同意。一个可行的统治阶级与被统治阶级之间的关系模式需要有立法机关（即议会），由这个立法机关为人民（或者至少是有财产的人）说话。执行机关（即国王）有一定的自主权，但从根本上说是从属于国家立法机关。

维持执行机关的运作需要供给资金，资金来源于税收。在人类政治史上，洛克第一个明确指出国家税权应当归人民选出的议会掌管，这也是议会财政权的理论来源。当代学者也多次强调这个永不改变的原则，如耶鲁大学政治学教授罗伯特·达尔（Robert Dahl）在《民主理论的前言》一书中指出，统治者需要取得被统治者的同意这一理念，一开始是作为一个征税问题的主张而提出的，后来才逐渐发展成一种有关一切法律问题的主张。

当人民从自己的财产中拿出一部分来交税的时候，必须首先确定一个在先的原则，即纳税者同意。洛克指出："政府没有充足的经费将无法支撑。谁得到国家的保护，谁就应当为其得到的保护支付其财产的一定份额，但他们仍然必须获得来自大多数人民或其选出的代表们的支持。"私人财产权和税收孰为先孰为后，洛克在《政府论》中说得很清楚："最高权力，未经本人同意，不能取走任何人的财产的任何部分""如果任何人凭着自己的权势，主张有权向人民征课赋税而无须取得人民的那种同意，他就侵犯了有关财产权的基本规定，破坏了政府的目的。"这就是社会契约精神在税收问题上的反映，既然是契约，权利与义务就是针对双方而言的，平等就不可或缺，因为没有平等就没有自由和权利的保障。

值得一提的是，《政府论》的影响深远而广泛。它不仅对当时的英国政治和社会产生了重要影响，更为后来的美国独立战争和法国大革命提供了理论支持。这些历史事件都深深地烙印着洛克思想，证明了他的理论的强大生命力。

说到这里，就不得不提到美国著名的独立战争。美国独立后，采用了联邦制、三权分立等制度，这些制度都是对洛克哲学思想的实践。我觉得洛克的《政府论》为美国独立战争提供了理论武器，也为美国独立后的政治制度设计提供了重要指导。

我们都知道，美国独立战争是一场北美 13 州殖民地的革命者反抗英国统治、争取民族独立的革命战争。在这场战争中，美国的开国元勋们深受洛克哲学思想的影响。他们坚信人民有权决定自己的政治命运，有权追求自由和幸福，因此高举天赋人权和人民主权的旗帜，与英国进行了艰苦卓绝的斗争。

美洲殖民地在开始之后很长时期，和他的宗主国——英国之间在宗教、民族、血缘、文化传统上的联系非常紧密，这种过于紧密的关系到了后期不可避免地出现了矛盾和冲突，但是后来事变发生之后，他们开始意识到独立是不可避免的。

18 世纪后期，英国的财政负担不断加重，对殖民地的政策也越来越苛刻。其中最有代表性的就是印花税。殖民地人民提出：他们在英国议会里没有代表，英国就没有理由向他们征税。如果要征税，就必须让他们有代表。后来双方之间的利益冲突和政治争论越来越激烈。大陆会议的代表们发现，他们要讨论的已经不是如何作为一个整体来跟英国讨价还价，而是他们必须走上独立的道路。

《独立宣言》（1776 年）就是在那个时候发布的。在战争期间，《政府论》中的思想成为美国《独立宣言》的重要理论基础。宣言中明确指出："人人生而平等，他们都从他们的'造物主'那边被赋予了某些不可转让的权利，其中包括生命权、自由权和追求幸福的权利。"这一表述与《政府论》中关于天赋人权的论述高度一致。《政府论》的内涵在这样一段文字里面得到了最精粹的表述。

洛克强调个体权利的重要性，主张人民的自由和平等。他的思想打破了传统政治观念的束缚，为后来的政治发展和社会进步奠定了坚实的基础。

　　在我看来《政府论》与法国革命的关系也是复杂而深刻的。尤其是其关于自然权利、政府起源、政府目的以及分权的思想，为法国革命提供了重要的理论支撑和启示。

　　1789 年，法国发生了大革命。我们知道历史上英法之间的关系并不融洽，美国闹着要从英国殖民地独立时，法国出钱出力来帮助美国打独立战争。因此在很大程度上造成了财政危机，引发了法国大革命。

　　洛克的自然权利理论对法国大革命产生了深远的影响。首先，洛克认为，人类天生拥有一些不可剥夺的权利，如生命权、自由权和财产权，这些权利并非政府所赋予，而是人类固有的。法国革命者们深受这一思想的影响，同样认为人民拥有天赋权利，而封建专制制度侵犯了这些权利。因此，他们提出了"自由、平等、博爱"的口号，旨在推翻封建统治，实现人民的自然权利。其次，洛克的政府起源和目的论也为法国革命提供了理论支持。在洛克眼中，政府的建立是为了保护人民的自然权利，而不是侵犯这些权利。当政府无法履行其职责时，人民有权推翻它。这一观点与法国革命者们的诉求高度一致。他们认为，法国当时的封建专制政府已经失去了保护人民权利的能力，甚至成了人民权利的侵犯者，因此他们有必要通过革命来推翻这一政府。

　　洛克的分权思想对法国革命后的政治制度设计产生了影响。洛克主张政府权力分为立法权、行政权和外交权三种，分别由不同的机构行使，以避免权力的滥用和误用。法国在大革命后，虽然并未完全按照洛克的分权模式建立政治制度，但分权的思想在革命后的政治制度中得到了体现，如议会的设立、行政机构的独立以及司法权的独立等。

《人权宣言》作为法国大革命最重要的文献，与洛克的《政府论》在理论基础上存在明显的联系。《政府论》是洛克哲学思想的重要体现，主张天赋人权、人民主权和有限政府等。这些观点为法国《人权宣言》提供了理论支撑。《人权宣言》明确宣告了人权、自由、平等和保护私有财产等基本原则，与洛克的天赋人权观念相吻合。同时，《人权宣言》也体现了人民主权的思想，即政府的权力来源于人民，人民有权决定自己的政治命运。这与洛克关于政府起源和目的的观点相一致。《人权宣言》有这样一段表述："组成国民议会的法兰西人民代表，考虑到对于人权的无知、忽视或轻蔑乃是公众不幸和政府腐败的唯一缘由；考虑到这个宣言经常铭记在社会成员心中，可以使他们永远关注他们的权利和义务；考虑到政府在立法和行政方面的法令如能随时同各种政治机构的目标相比较，将会更加受到尊重；同时也考虑到在这些简单明确的原则指导下，公民的未来要求将会始终有助于维护宪法和公众幸福，兹决定庄严宣言公布这些自然的、不可侵犯和不可剥夺的权利。"《人权宣言》强调的这些"自然权利"与洛克提出的"自然权利"如出一辙。

《人权宣言》清晰地表现出：洛克式的自然权利论，对于18世纪的西方乃至世界各国的民主革命来说，都是一个基本的理论工具。可以说，现在西方政治的基本原则就奠定在对于人权，对于自然权利，对于人本来就具有的不可剥夺的权利的认可上。通过阅读，我认识到传统的人权观念强调抽象的权利、普遍的权利，虽看起来似乎缺乏实际的蕴含，但是它也在不断地演化，即对于人权的解释不断地朝着人的现实生存的境遇和福利来变化。揆诸当下，洛克的思想在当今社会依然发挥着自己的力量，从世界人权宣言到联合国人权公约，无一不闪烁着自然权利论的光辉。

洛克的自然权利论在西方民主革命中有着无可替代的地位，也正是因为西方国家的政治基础是这种对人权的认可，才造就了如今其对实现公正、合理和正义社会的追求。

《政府论》无疑是一部伟大的著作。在人类思想的长河中，总有一些著作如星辰般璀璨，它们不仅照亮了当时的时代，更为后世提供了智慧的指引。洛克的《政府论》便是其中之一，这部伟大的政治哲学作品，以其深刻的洞察力和独到的见解，为我们揭示了政府的本质与目的，为我们提供了理解政治生活的重要视角。

都说行万里路，读万卷书，但是因为这样或者那样的原因，我们的脚步总是被困在了原地，视野也像墙角的花朵一般被限制在某一方天地之中。正是通过阅读，阅读经典，阅读理论，我们才可拨开愚昧的迷雾，探其渊薮，寻得万物运行背后的真相。

《政府论》是一部值得深入研究和思考的伟大著作。读后引发了我对政府与国家、权力与自由、财政与税收的思考。我了解原来在当今的中国语境下，这些西方经典的理论著作也发挥着自己的作用，就好比有限政府所强调的有限权力，这与中国特色社会主义的法治思想不谋而合。"权力是柄'双刃剑'。领导干部手中掌握一定权力，这为其创造和提供了为人民服务的机遇，但同时也容易成为'权力寻租'的腐败温床。"① 权力失去监督就会异化，权力异化就是公权力在行使过程中偏离了既定的目标，不再为公共利益服

① 焦裕禄干部学院. 跟焦裕禄学做县委书记［M］. 北京：人民出版社，2015：141.

务，而是被用来换取个人利益，成为社会上少数拥有权力者或集团攫取私人、局部利益的手段或工具。法治政府的建设离不开对政府权力的制约，建设服务型政府是实现中国特色社会主义法治国家的重要保证。或许我们可以说，有限政府论可以被视为对新时代中国特色社会主义法治思想的补充和支持。

我们作为新时代的青年人，要与时俱进，要学习利用好《政府论》中的积极论述，学以致用，用理论武装头脑，为实现中华民族伟大复兴的中国梦贡献出自己的力量！

# 学 者 简 评

　　洛克的《政府论》（下篇）不是一本鸿篇巨著，而是一本薄薄的小册子，翻译成中文至少有半个多世纪了，但它并不是一本容易读的书。书中"自然状态""自然权利""社会契约""有限政府"等概念也许大家都耳熟能详，但是国人离对它有真正的理解还存在一定的距离。这本人类政治思想史上划时代的伟大著作，其中的核心思想和重要观念，对21世纪的中国人来说，仍然非常重要。

　　对于"00后"的本科生来说，由于时代背景、政治文化、接受的教育不同，理解起来实属不易。但是本文作者不畏艰难地选择阅读这本书，不仅阐述了自己对书中一些重要思想的理解，而且对比了霍布斯，联系了美国独立和制宪、法国大革命。这些确实对理解洛克思想非常重要。霍布斯将自然状态描述为一种丛林状态的恐怖景象，而洛克则认为自然状态是一种可以接受的状态。因此霍布斯认为无论如何不能再回到丛林，授予利维坦的权力是不能收回的；而洛克则认为如果政府不能兑现保障生命、自由和财产的责任，则可以解除契约。这确实是二者的重大区别。另外，洛克为美国独立和制宪提供了思想资源，但是法国大革命是否为洛克思想的体现则值得商榷。

　　不过，文章作者最后说得好，"因为这样或者那样的原因……视野也像墙角的花朵一般被限制在某一方天地之中。正是通过阅读……我们才可拨开愚昧的迷雾"。作者阅读洛克的《政府论》这一伟大经典，试图获得跨越时代、文化、语言的开阔视野，培养一个开放、智慧的心灵，这就很好！

——上海财经大学法学院教授　徐继强

《君主论》是意大利文艺复兴时期著名政治思想家、外交家马基雅维里的代表作，是一本毁誉参半的奇书，一直被奉为欧洲历代君主的案头之书、政治家的最高指南、统治阶级巩固其统治的治国原则、人类有史以来对政治斗争技巧最独到和最精辟的解剖。

《君主论》的特色在于作者的主张有违常人的道德观念，中心主题是"如有必要，君主是应该使用不道德的手段去实现目标（如荣誉和生存）"。贬义词"马基雅维里主义"正由此书衍生出来，连带"政治"和"政客"也含有了贬义。

君主论

［意］尼科洛·马基雅维里 著
潘汉典 译

商务印书馆

《君主论》，［意］尼科洛·马基雅维里著，潘汉典译，商务印书馆，2017

# 作 者 自 述

　　王振宇，男，安徽合肥人，现就读于上海财经大学公共经济与管理学院财政学专业（2021 级本科生）。本人深以为，作为一学子，当始终保持着阅读的热情，因此不断探索着知识的边界，涉猎的书籍涵盖文学、历史、哲学、科学等多个领域，且力求将每一本书读深、读透，深入挖掘其中的思想内涵和历史背景。阅读不仅仅是少数人的专利，而且是每个人生活中不可或缺的一部分。因此，本人欲将所学所思所想分享给更多的人，以期传递出知识的芬芳，碰撞出灵魂的火花，激发出对生活的热爱。与天下读书人共勉。

# 马基雅维里《君主论》读书报告[①]

　　马基雅维里是近现代政治学思想的主要奠基人之一，为政治学和法学开辟了走向独立学科的道路。他主张国家至上，将国家权力作为法的基础，其思想常被称作马基雅维里主义。而《君主论》是其最为重要的一本著作，它的篇幅虽短小，但内容凝练、直击要害。虽然从它面世至今已有数百年历史，却仍然是理解政治学、研究政治学的一个重要资料。《君主论》也是我近一阶段在政治学领域阅读和思考的重要材料。

　　所谓"君主"，是对王权或皇权社会的最高统治者的称谓（根据王衍钊之定义），是人类进入文明社会、具备国家雏形后对最高统治者的称谓。我以为：在大一统的国家里，君主更多的是承担维持国家正常运转的职责，只有极少数君主拥有开疆拓土的能力和功业；而在国家林立的时期，君主还需要维持国家安全或者说对外完成开疆拓土的任务。在我国古代，大部分时期是大一统王朝或是南北对立的相对统一的时期；而 15 世纪的欧洲，小国林立，在以亚平宁半岛为中心的南部地区尤甚。因此，这一时期的南欧地区与中

---

国的地缘政治形势不同，其基调是动荡和征伐，君主的任务也主要是维持统治地位和扩大统治范围。

马基雅维里就出生在这样一个分裂的亚平宁半岛。自然，他所处的时代和自己的亲身实践深刻影响了他对政治学的思考和研究。《君主论》一书便是他在罢官后完成的作品，也凝结了他围绕"君主"这一政治概念的所思所想所得，可以说是对他长期思考政治、研究政治、亲身参与政治的一个总结。它对意大利地区长期的战争和分裂的形势进行了分析，直接指出君主要如何行事，并提出了统一意大利的方案，即应当有一个强有力的君主建立一个中央集权国家。

在《君主论》中，马基雅维里的核心论点是君主要明确自身责任，善于运用种种方式取得、保有、发展自己的国家，征服别的国家，完成自己的功业。马基雅维里为论述自己的观点，在书中层层深入。全书共有26章，我以为大致可以分为以下四个部分：君主国的种类及其主要特点、军队及君主的军事责任、君主的性格及行为举止、单独部分。马基雅维里举了相当多当世和前代君主的例子，如昏聩冒进的法国国王、英明而狡猾的教皇、善战的瓦伦蒂诺公爵，并进行比较，通过递进的模式，最终完成自己的探究：君主如何运用道德或非道德的方法，实现自己的胜利。

在《君主论》第一章，马基雅维里直接指出："自古至今，统治人类的一切国家，一切政权，不是共和国就是君主国。"（第3页）这与亚里士多德《政治学》中对国家种类的定义不同，将亚里士多德的六个定义（王权政体、贵族政体、立宪政体、僭主政体、寡头政体和民主政体）总结为两个定义（君主政体和共和政体），把国家的定义向前发展了一大步。《君主论》整个第一章只有一段话，却十分重要，对君主国进行了定义，进而引出了第一部分中对各个细分的君主国类型的介绍，也是全书论点的重要基础。

自第二章开始，马基雅维里分别描述了不同类型的君主国：世袭君主国、混合君主国、依靠自己获得的新君主国、依靠他人或者幸运而获得的新君主国、以邪恶的方式获得君权的人、市民的君主国、教会的君主国。这些君主国可以说基本涵盖了15、16世纪欧洲全部的君主国类型，马基雅维里阐述了这些不同类型的国家的君主如何创业、如何守成、如何灭亡。他认为君主应当通过对这些不同类型的君主国的比较，结合本国实际情况和周边政治形势，建立合适的君主制政体，并且吸取其他君主国的经验教训，合理地管理国家。他认为君主要依靠自己的能力，学会政治统治的方法，而非过度依靠别人的帮助或是幸运。马基雅维里借此为全书后半部分的阐述打了一个基础。

《君主论》中，马基雅维里比较了不同军队和国防规划的特点，强调一定要建立听令于自己的军队。同时，他认为君主在军事方面负有重要的责任，他揭露了雇佣军、援军以及混合军的不稳定性和对君主统治的威胁。马基雅维里举了恺撒·博尔吉亚的例子，这位君主先是依靠来自法国的援军入侵罗马尼亚，占领一些地区后发现这些军队靠不住，又转向雇佣军，然而不久后雇佣军也表现出了不稳定性。马基雅维里由此得出结论："当每个人都知道他是他的军队的完全的主人的时候，他的名声总是愈来愈大，他受到人们的敬佩，是任何时候都比不上的。"（第66页）他也由此呼吁：一个君主应当拥有自己的军队来保卫政权。在第十三章的结尾，马基雅维里引用了塔西佗《历史纪年》中的话："世界上最弱和最不牢固的东西，莫过于不以自己的力量为基础的权力的声誉了。"这也是对君主的武力与权力之间的关系的直接表述。

马基雅维里还在《君主论》中提出了自己思想的重要部分：他将传统意义上的道德和君主应有的道德分开，强调君主应当善于当一个狡猾多变的人，善于运用传统意义上道德或是不道德的各种方式谋求自己的成功。《君主论》认为，君主的信用与普通人的信用有本质上的区别。在君主守信对自己有好处时，就应当守信义；而当守信对自己有害或是不利于自身时，一个君主就不应死守"信义"，而且"必须学会将这种品格掩饰好"。也就是说，一个合格的君主必须同时效仿"狮子和狐狸"，即既要有上文中提到的如同狮子一样的武力，也要有狐狸般的狡猾和机智。马基雅维里举了教皇亚历山大六世的例子。这位教皇善于做出承诺，但是视形势而决定自己的承诺是否需要兑现，同时他在作出承诺时"世界上没有任何一个人比他更加有力地做出保证，比他更加信誓旦旦地肯定某一件事"（第 84 页）。这与传统的对君主道德的看法不同，大胆而直接地指出了人性的黑暗面，也颇为切合马基雅维里所认为的"人性本恶"。

总之，《君主论》的意义是跨时代的。1532 年，教皇克莱门特七世批准该书出版。在以后的 20 年内该书曾重版了 25 次，影响极大。但不久，便掀起了抨击《君主论》的浪潮。1559 年，《君主论》在欧洲被列为禁书，一直持续到 19 世纪意大利统一运动兴起，马基雅维里的著作才得以解禁。但是，长期的封禁并没有影响它在君主和政治家中的影响。无论是克伦威尔，还是法国国王亨利三世和亨利四世，或是拿破仑、俾斯麦，甚至是法西斯统治者希特勒和墨索里尼，都很重视《君主论》和马基雅维里的思想。但同时，《君主论》及马基雅维里本人的部分观点在后世引起了激烈的争论和质疑。《君主论》被施特劳斯称作"邪恶的圣经",教会更是在很长一段时间里视马基雅维里为异端,而一些思想家如卢梭则认为该书是讽刺君主政体以彰显共和。

我以为,《君主论》在欧洲政治学发展历程中的意义与中国古代的《商君书》的影响颇为相似,而马基雅维里主义与中国古代封建统治者长期实行的外儒内法的思想也有相通之处,它们都对之后的政治思想的发展以及政治家的实践产生了深远的影响。《君主论》的一个重要特点就是对方法论的探索,相较于之前的政治学著作有着革命性的不同。也正是由于对方法论和人性黑暗面大胆的揭示,马基雅维里和《君主论》受到了大量的批评。马基雅维里在书中的阐述使政治的理论观点摆脱了道德,而把权力作为法的基础,从而将政治学的基础由道德转向了权力。马基雅维里的《君主论》在政治学领域是开创性的,他也无愧为近现代政治学的奠基人。

但是在阅读《君主论》之后,我对马基雅维里的思想产生了三个不解和疑问:一是"君主"本身存在的合理性和必要性,二是对政治家追逐自身利益乃至不择手段、不顾道德过于宽容,三是政治家本身目标是否一定是利己。以下我将谈谈自己的浅见。

对于第一点,"君主"是马基雅维里在《君主论》论述的核心对象,也是全书论述的基础。在马基雅维里的思想中,君主的存在能够维持政权稳定和统一,君主是保卫国家和人民的第一责任人。他渴望结束意大利在政治上的分裂状态,建立一个强大的中央集权的意大利国家,而这一构想无疑离不开一个强有力的领导者和统治者。事实上,在19世纪意大利统一运动过程中,撒丁王国国王维托里奥·埃马努埃莱二世确实作为一名领导者起到了重要作用,并成为统一的意大利王国的第一任国王。但不可否认的是，君主或是强力独裁者注定拥有局限性，作为个人的决策者常常无法全面地对局势和决策做出合适的判断，在任何一个政治家的政治生涯中也无可避免会既有成功也有失误。高高在上的独裁者的身份则会把失误和过错的可能性放大，这种放大后的错误所带来的后果往往是毁灭性的。可以注意到，即使是被马基雅维里视为君主典范的瓦伦蒂诺公爵恺撒·博尔吉亚，也在罗马尼亚遭遇了自己的滑铁卢，最终下场悲惨。随着近现代政治民主化运动的兴起，君主或是以君主为代表的独裁制度逐渐被时代所抛弃。如今世界上鲜有君主专制制度的国家，民主共和制度成为主流。不可否认，君主及君主为代表的独裁制度在长期的历史发展进程中起到了不可忽视的作用，同时君主也集中了国家的资源，使国民凝聚在一起，使中央政府的政策、军令得以高效地推行。但是随着历史的发展，君主不再是一个必要的政治存在。而在两次世界大战后，君主对于国民而言也逐渐失去了作为决策者的吸引力。民主制度代表着新的集体决策和精英决策，无疑大大降低了政治形势的不稳定性，保障了政策的相对合理性和连贯性，比历史上的君主有更大的活力和更强的生命力。

对于第二点，正如前文所总结的，马基雅维里认为一个政治家为了实现自己的政治目标不仅可以使用传统意义上道德允许的方式，更要灵活地运用不符合传统道德的方法。马基雅维里说："一位君主如果能够征服并且保持那个国家的话，他所采取的手段总是被人们认为是光荣的，并且将受到每一个人的赞扬。因为群氓总是被外表和事物的结果所吸引，而这个世界里尽是群氓。"（第86页）诚然，对于唯结果论者而言，为实现自己的目标可以不择手段；而对于君主为实现目标而采取的方法，马基雅维里的态度也很宽容。

但是，我以为就采取的方法或是否守信这方面而言，并不是一定要以是否符合自己的利益为标准。利益本身可分为短期利益和长期利益，这两种利益在很多情况下是相斥的，事实上个人很难对于短期利益、长期利益做出合理取舍，甚至有时也无法合理判断是否真正符合自己的利益，对于身为独裁者的君主尤甚。在这种情况下，马基雅维里更多的是在描述一种理想状态，只有满足"所做出的决定基本符合自己利益"的条件，才能实现这种理想的状态，这等于说在现实状态下几乎无法实现。再者，对于政治家而言，时常面临两难的抉择：遵守大多数人价值观下的道德以赢取人民的好感和支持还是以自己的利益至上而抛弃传统的道德。而马基雅维里的观点在这样一种情况下往往会陷入困境，因为无论是哪一种选择都代表不同的利益取舍，也代表一定的牺牲和损失。我国古代传统的政治哲学和道德与马基雅维里直观的以利益为基础的观念不同，但是在实践过程中，中西方政治家都会倾向于马基雅维里式的追求自身政治利益的哲学，同时自然也会面临上文所述的困境。

　　第三点，实际上可以视作对第二点的一个补充和引申。政治家是否一定要以利己为原则呢？我以为不是。在很多情况下，政治家需要让步，需要退让，需要损害一部分自己的利益来换取长远的发展。所谓"利己"，在这种情况下就被解构为另一种概念上的行为。归根到底，政治家需要用长远的眼光看待利益和损失之间的关系，不能因为眼前诱人的利益而盲目追求，要跳脱出来，有时甚至要放弃眼前的利益，为未来布局。这才是一个君主或者说全体的政治家所必备的素质。我并不想否认马基雅维里的观点，但我认为要认清马基雅维里所说的追求自身政治利益的含义。这里的利益并非各种好处，而是作出有利于自己现在和未来发展的决策。为了这个决策，政治家有时甚至需要违背自身的利益，做出一定的牺牲。

　　总之，马基雅维里的《君主论》使我受益良多，让我重新认识了"君主"这一政治概念，"君主"于我而言再也不是历史书上的抽象名词。《君主论》与我平时学习的一些政治学相关课程结合，使我初步了解了政治学这一学科，进一步激发了我对政治的兴趣和思考。我认为政治并非高高在上的学问，而是需要个人把思考和实践相结合的学问；我们每个人看似与政治决策无关，但又身处其中，受其影响，我们每个人也是政治的参与者、建设者。我们依法享有政治权利，而政治贯穿我们的生活，引导我们去思考。我以为马基雅维里的《君主论》便是为我打开政治学大门的钥匙，指引我走上更深层次的政治思想境界。

# 学 者 简 评

大家都知道马基雅维里是一个非常难以把握的人，对其人其书常常毁誉参半。马基雅维里主义者，有时是一个贬义词，有时又是一个代表现代性的词。阅读王振宇的书评之前，我在想：一个今日中国的本科生为什么想读这本书？他关注的是什么样的问题？在今天阅读这样的书有何价值？

在本文中，作者讨论了政体的分类、君主制及其责任、政治与道德的关系，以及马基雅维里政治思想的方法论等。整个书评详略得当、逻辑清楚，重点思考了以下三个问题："一是君主本身存在的合理性和必要性，二是对政治家追逐自身利益乃至不择手段、不顾道德过于宽容，三是政治家本身目标是否一定是利己。"不得不说这三个问题是理解马基雅维里的三个聚讼纷纭的问题，也是人类政治思想从古典和中世纪向现代转型的重要问题。作者对这三个问题都提出了自己的理解，难能可贵！

这就是经典的意义，它会不断启发一代代人思考人类政治共同体，而新的一代人的重新阅读与理解恰是经典具有永恒生命力，以及人类在巨人肩膀上不断探究理想国家与理想政治生活的标志。

——上海财经大学法学院教授　徐继强

本书首先简要介绍了维特根斯坦的生平经历及其所处的时代背景，以让我们了解其思想的形成和发展脉络，然后对维特根斯坦的著作《逻辑哲学论》《哲学研究》以及维特根斯坦的思想进行了细致、深入的解读，让我们既能整体把握维特根斯坦的思想，又能准确理解其富有启发性和包蕴性的思想。

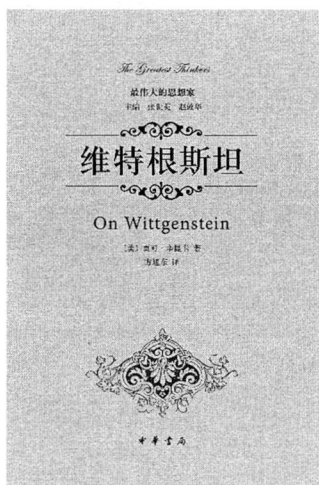

《维特根斯坦》，［美］贾可·辛提卡著，方旭东译，中华书局，2014

# 作 者 自 述

　　饶烨飞，女，1996 年出生于浙江绍兴，上海财经大学马克思主义哲学专业博士生在读。主要研究方向为国外马克思主义、社会批判理论、马克思主义女性主义。

# 维 特 根 斯 坦<sup>①</sup>

## 一、维特根斯坦是谁？

维特根斯坦是谁？我们可以回答他是 20 世纪的十分重要的逻辑哲学家。

他写过一本名叫《逻辑哲学论》(*Tractatus Logico-Philosophicus*, 1922) 的哲学著作；曾经师从罗素，与一个叫作维也纳学派的团体有过交往；出生于奥地利富豪家族，从小接受了浓郁的艺术熏陶；曾和那个臭名昭著的希特勒做过同学，但没有什么证据直接指向他俩有过交往；三个哥哥分别自杀了，这或许多少影响了他；曾经去参军，做过乡村教师，还一度想去苏联；是个同性恋者；等等。正如贾可所说，"谁"的问题可以出于很多不同的目的而提出并以不同的方式作答<sup>②</sup>，而在以不同方式作答之后方能呈现出一个立体的维特根斯坦。

一个人的出生是理解一个人的最普遍也是最重要的方式之一。

---

① 第三届上海财经大学"阅读之星"获奖作品。
② ［美］贾可·辛提卡. 维特根斯坦［M］. 方旭东，译. 北京：中华书局，2002：1.

贾可从家族相似性入手，分析维特根斯坦在多大程度上承袭了家族的特征，又在多大程度上与这个家族背道而驰。维特根斯坦家族在各种方面都表现出与艺术的深厚关系，而维特根斯坦本人的思想也与艺术有着极大的亲和性，对他而言，艺术从来是第一位或真正重要的东西，其思想的核心地带被艺术气质占据，而不是被科学精神占据。① 与家族相似的地方还在于，维特根斯坦对于自己的高要求。他向罗素提出的第一个主要问题，是他关于数学基础的想法是否有价值。在笔记中，他也常常穿插着一些有关自己哲学努力的成功或缺乏成功的评论。②

　　蒙克对维特根斯坦这种特质的描述显得更加具体：强势、不妥协、支配性。用另一个更加形象的说法：维特根斯坦制造自己的氧气。③ 此外，蒙克在追溯维特根斯坦的思想资源时除了强调其家族特征外，也强调了几位思想家对他的影响。如阿瑟·叔本华（Arthur Schopenhauer，1788—1860）在其名著《作为意志和表象的世界》里表述的先验观念论构成了维特根斯坦最初哲学的基础……直到开始学习逻辑、接受了弗雷格的概念实在论之后，维特根斯坦才放弃了叔本华的先验观念论。即便在那之后，在写作《逻辑哲学论》的一个关键时期，他又回到了叔本华，那时他相信自己达到了观念论和实在论的一个契合之点。④ 他在1916年的笔记中简单回溯

① 吴子林."哲学应当作诗来写"——维特根斯坦的语言批判及其写作［J］.求是学刊，2022，49（2）：36-49.
② ［美］贾可·辛提卡. 维特根斯坦［M］. 方旭东，译，北京：中华书局，2002：3.
③ ［英］瑞·蒙克. 维特根斯坦传——天才为之责任［M］. 王宇光，译，杭州：浙江大学出版社，2014：11.
④ ［英］瑞·蒙克. 维特根斯坦传——天才为之责任［M］. 王宇光，译，杭州：浙江大学出版社，2014：47.

了自己的道路：

> "我走过的道路是这样的：唯心论把人作为唯一的东西的从世界中分离出来，唯我论单独把我分离出来，最后我看到，我也属于其余的世界，因而一方面没有余下别的任何东西，另一方面唯一留下的是这个世界。于是，严格地彻底思考了的唯心论就导向了实在论。"①

这则笔记也被收录在命题 5.64 中。蒙克认为，另一位对维特根斯坦造成影响的是奥托·魏宁格（Otto Weininger，1880—1903），他一度成为维也纳的偶像。倒不是因为他的书《性与性格》本身有多优秀，事实上该书在出版之时反响平平，倒是因其本人极具戏剧性的死亡为本书增添了神秘。这本充斥着厌女思想（misogyny）和反犹主义的书为什么能吸引维特根斯坦？因为此书塑造了一个理想的伦理责任主体。男性如何证明自己能在有意识和无意识、在意志和冲动之间、在爱和性欲之间作出选择，进而证明男性才是能够承担起伦理责任的主体？只需将女性证明成没有能力承担起伦理选择的主体即可。当然，这是题外话了。据蒙克所述，魏宁格所塑造的理想伦理责任主体是天才。天才的意识是最远离"涵拟阶段"（表示一种朦胧的感觉形式，即一种前思维状态，如低级动物的感觉和人的蒙昧状态）的，"具备最强最清澈的明确和清晰"。这种对于纯粹的明确和清晰的追求也是维特根斯坦在《逻辑哲学论》中的追求。天才具有形成明确判断的最强大能力，因此对于真假好坏的差异有着最精细的感觉。逻辑和伦理根本上是一回事："它们无非是

---

① ［奥］维特根斯坦. 逻辑哲学论及其他［M］. 陈启伟，译，北京：商务印书馆，2014：280.

对自己的责任。"天才"是最高的道德，因此它是每一个人的责任"。

此外，魏宁格将康德的绝对道德律令歪解成：拥有天才不只是高贵的抱负，它是一条绝对律令。1903—1912 年间，维特根斯坦多次产生自杀念头，只是在罗素认可他的天才之后，这种念头才得以缓解。正如蒙克所说，维特根斯坦接受了这条律令，并且全盘接受了其恐怖的严厉。① 可以说，魏宁格对于天才的刻画与维特根斯坦的人生态度相互应和。蒙克因而认为，在维特根斯坦青春期读过的所有书中，对他人生态度有着最大最持久影响的就是魏宁格的书。②

我们有理由相信，两位作者都认为来自家族的一些特质以及一些思想家的观点对维特根斯坦其人奠定了基调。贾可提醒读者，不仅仅是在考察他的传记时我们要问维特根斯坦是谁，而且在阅读维特根斯坦以及试图理解他时也要时刻提出这个问题。而读者在思考这个问题时也应当意识到，除了家族的特质之外，仍有更多的个人品质在起作用，一个是不耐烦，另一个是维特根斯坦的读写困难症。对于前者来说，似乎可以从他的教学风格和出了名的坏脾气中得到证实。对于后者来说，贾可试图从维特根斯坦本人的描述中得到证实："（我）少年时代糟糕的拼写……关联着我所有的其他性格（我在学习上的弱点）。"③ 维特根斯坦试图承担起作为天才的伦理责任的途径是成为一名逻辑学家。伯特兰·罗素的《数学原则》

---

① ［英］瑞·蒙克. 维特根斯坦传——天才为之责任 ［M］. 王宇光，译，杭州：浙江大学出版社，2014：54.

② ［英］瑞·蒙克. 维特根斯坦传——天才为之责任 ［M］. 王宇光，译，杭州：浙江大学出版社，2014：52.

③ ［美］贾可·辛提卡. 维特根斯坦 ［M］. 方旭东，译，北京：中华书局，2002：8.

成了钓住维特根斯坦的饵。① 罗素从此多了一位"德国朋友"，他花了几个月时间才意识到维特根斯坦确实是一位素质极高的哲学家，并且认识到当初困扰着他的那些问题同样困扰着维特根斯坦。一段时间内，罗素与维特根斯坦在对于清晰性和真理的追求上保持着同步。② 贾可甚至认为《逻辑哲学论》实际上是罗素亲知理论的一个变种。③

至此我们可以说，维特根斯坦是属于奥地利维特根斯坦家族的一员，他与家族呼吸着同样的空气，因而在很大程度上继承了家族的特质，如对于自己的高要求、对于音乐的品位等。但他又在某些方面远离了家族，如对于财富和名誉的重视。维特根斯坦同样受到了一些哲学作品的影响，如叔本华的《作为意志和表象的世界》（1819）以及奥托·魏宁格的《性与性格》（1903），最重要的是来自罗素的影响，使得其逻辑哲学家的身份成为理解维特根斯坦是谁时一个最重要的突破口。

## 二、从亲知理论到语言图像论

贾可用了第三章和第四章两章的内容来说明维特根斯坦前期代表作《逻辑哲学论》（以下简称 TLP）的一些思想。主要是从罗素的亲知理论入手，进而分析两者的共同点和区别。TLP 由十进制数

---

① ［英］瑞·蒙克. 维特根斯坦传——天才为之责任［M］. 王宇光，译，杭州：浙江大学出版社，2014：71.
② ［美］贾可·辛提卡. 维特根斯坦［M］. 方旭东，译，北京：中华书局，2002：4-5.
③ ［美］贾可·辛提卡. 维特根斯坦［M］. 方旭东，译，北京：中华书局，2002：18.

码标注命题，其中有七大主要命题，被编号为 1~7。对编号为 $n$ 的命题进行解释、说明或辩护的那些命题被编号为 $n.1$，$n.2$，…将这些一级标题的命题连接起来，具体如下：

1. 世界就是所发生的一切。

2. 那发生的东西，即事实，就是原子事实的存在。

3. 事实的逻辑图像就是思想。

4. 思想是有意义的命题。

5. 命题是基本命题的真值函项。

6. 真值函项的一般形式是 $[p, \xi, N(\xi)]$，这也是命题的一般形式。

7. 对于不可言说的东西必须保持沉默。①

当这些命题以这样的形式呈现后，读者应当如何理解？或者说 TLP 的论证结构是什么样的？维特根斯坦本人并未对这些命题进行明确的论证，也没有框定一种论证框架。这导致旁人对 TLP 进行了至少三种解读方法：第一种是所谓的"正统解读"——以罗素和安斯康姆（G. E. M. Anscombe）为代表的不可说式解读（ineffable reading），以及以马尔康姆（N. Malcolm）和皮尔斯（D. Pears）等为代表的形而上学式解读或神秘式解读（metaphysical or mystical reading）；第二种是治疗式解读或阐发式解读（therapeutic or elucidatory reading），主要代表人物为戴梦德（C. Diamond）和麦吉（M. McGinn）；江怡则提出了第三种方法，即逆向解读法。② 前两

---

① ［美］贾可·辛提卡. 维特根斯坦［M］. 方旭东，译，北京：中华书局，2002：29.

② 详参江怡. 对《逻辑哲学论》的逆向式解读及其问题［J］. 哲学研究，2021（11）：96-103+128.

种读法将 TLP 的七个主命题的顺序解读为从本体论到认识论再到语言哲学的路径，这通常也被视为符合西方哲学发展的基本历史顺序。江怡认为逆向解读把握的是维特根斯坦的思考路径而非写作路径。

不管采用何种解读方法，对于语言图像论的解读始终是绕不过去的。贾可对于这个著名理论的解读是从罗素的亲知理论出发的。该理论的重要背景假设是 G. E. 摩尔的实在论命题，大意是，在每个经验中，我们都能够从作为纯粹心理事件的经验中分辨出直接的客体（the immediate object）。经验的这些直接客体在罗素的思想以及他的术语里变成了亲知的客体（the objects of acquaintance）。那些我们不亲知的客体必须经历过亲知还原（reduction to acquaintance）才能被给予给我们。因此，亲知的客体不能再被分解、分析、定义，它们是这种分析的终点。①

关于这点，我们似乎可以从 TLP 中找到一些类似的观点，例如世界的结构是由原子事实结合而成的，由不可分解的客体构成。这些简单的客体在作为个人直接经验的客体的意义上是现象学的。前面说到，对于这些简单客体，我们不能说它们存在或定义它们。因此，我们对于这些简单的客体无法多说什么，只能指着它们说"这个"或"那个"。②维特根斯坦对比了能被言说的东西与仅仅能被指示的东西，而这一对比很容易让我们联想到命题 7，对于不可言说的东西必须保持沉默。把这个逻辑再推下去可以得到：所有具有

①　［美］贾可·辛提卡. 维特根斯坦［M］. 方旭东，译，北京：中华书局，2002：17.
②　［美］贾可·辛提卡. 维特根斯坦［M］. 方旭东，译，北京：中华书局，2002：21.

"意义"的关系往往具有不可表达性，也就是说，所有有意义的都是不可言说的，而可言说的则是无意义的。

罗素的亲知理论被设想用来解释我们知识的结构和命题的结构以及它们有意义的条件。① 这是罗素与维特根斯坦之间的一个重要的不同。根据罗素的理论，如果我们要去理解一个最基本的、具有 R（a，b）形式的关系命题，例如 W 打了 B，我们必须亲知这个命题的所有基本成分，即"W""B"以及"打"这三个亲知客体。与此同时，还需要将其与相反的命题 R（b，a）区分开来。但是拿什么东西区分开来呢？按照罗素的观点，用被讨论的命题的逻辑形式（logical forms）来区分。罗素认为存在不同的逻辑形式，以表示不同命题结构的特征，诸如析取与合取。这些客体就是"逻辑客体"，它们在语言中的表述就是"逻辑常项"②。

但是维特根斯坦在 TLP 中明确表示自己对"逻辑形式"的拒绝："逻辑常项"并不代表（任何东西）（TLP，第 4.0312 节）；并没有诸如"逻辑客体"或"逻辑常项"这样的东西（在弗雷格与罗素的意义上）（TLP，第 5.4 节）。也就是说，维特根斯坦认为并不存在类似胶水一样的东西将命题粘连在一起，他认为一个命题之所以被结合，不是依靠任何附加的"逻辑粘胶"（logical glue）而是依靠它组成的形式。在这里，用中国传统建筑的卯榫结构和工业时代的黏连剂做一组印照将会帮助我们理解这两者的区别。榫卯的特点是在物件上不使用钉子、胶水等物件，仅利用卯榫自身的形

① ［美］贾可·辛提卡.维特根斯坦［M］.方旭东，译，北京：中华书局，2002：22.
② ［美］贾可·辛提卡.维特根斯坦［M］.方旭东，译，北京：中华书局，2002：22-23.

式加固物件。维特根斯坦在命题2.03中说：在事态中，对象（客体）① 犹如一条链子上的诸环节那样互相衔接②。

贾可认为从这里可以看出维特根斯坦图画论的主旨并非试图直接清楚地说出命题如何能够被阐释为图画，而是指一幅图画如何能够具有一项命题内容。用维特根斯坦的话来说：

> 如果一个命题向我们说了什么，那么它必然如其实际那样是实在的一个图像，而且是一个完全的图像。——当然，也有它没有说的东西——但是对它所说的东西它是充分地说了，而且一定可以加以明确的界定③。

贾可认为这个语言的图画理论是一个简单又有益的关于语言如何工作的模型。根据这个模型，简单的客体在语言中由名称代表。通过一定的方式连接这些名称，命题就可以被表达为：被命名的客体以相应的方式彼此关联。由此推出，世界（实际的世界）是被有关它的事实总和所刻画的。

## 三、从语言图像论到图像

我们可以将图画理论理解成将命题所要表达的事实转译成图画的理论吗？当我们直接面对图画时，是否可以清晰地理解其命题？维特根斯坦对于图画的理解和我们对于图画的理解的差异是

———————

① 方旭东译作客体。
② ［美］贾可·辛提卡.维特根斯坦［M］.方旭东，译，北京：中华书局，2002：10.
③ ［美］贾可·辛提卡.维特根斯坦［M］.方旭东，译，北京：中华书局，2002：241.

什么？

本文十分认同清晰表达的重要性，也常常被人含混的语言弄得心烦气躁。拿我生活中的一个例子来说，我妈让我去拿快递，我说快递在南门，我在北门。我的言下之意是：我从北门去南门拿快递不方便，我不想拿。我妈回：我才发现。第二天，她打电话责怪我没给她拿快递并且没有告诉她，现在她得交留滞费。我恍然大悟，她的那句"我才发现"，并不意味着她知道了我不会去拿快递，而只是一句事实陈述句。误解已经产生，为了防止事态恶化，我只能低头认错，但心理怎么说也算不上毫无波澜。

对于一个追求语言的清晰表达的逻辑学家来说，生活在日常中如同生活在地狱中，为什么别人总是顾左右而言他？为什么别人总是说一些没有意义的废话？为什么别人总是重复他人的话？为什么别人总是没法清晰地表达自己？冗长而无意义的社交对话更是令人窒息。可别人却乐此不疲，在日常中游刃有余。

据说维特根斯坦的这个灵感来自他在报纸上读到的一篇文章，文章讲述了一场巴黎的庭审，为了更有效地解释一个交叉路口发生的事故，法庭安排了用汽车和行人模型重现那次交通事故。但是法律与日常生活的背景并非相同，前者追求"真"，讲求证据，认可用事实说话；而在日常生活中，人们往往会强调为人处世的重要性，"求真"并非其首要目的。

人们有时会故意说些毫无意义的、效仿别人的、模糊的话。如互联网上一度流行用"今晚的月色很美"来暗指"我喜欢你"。不清楚其中含义的人是无论如何都无法从一张美丽的月色照中推出"我喜欢你"这个命题的。人们不仅不厌恶，反而流连于这些语言游戏中，乐意被这些言外之意所捉弄。

　　这里的两个关键概念在于"日常语言"和"图像"，就前者来说，维特根斯坦在写作《逻辑哲学论》时便已意识到日常话语的复杂性：日常语言是人类机体的一部分，并不比机体的复杂性低。人不可能从日常语言中直接获知语言逻辑。

　　就图像来说，在成像技术极为发达的今天，图画或者说图像在当下已经全面进入人们的生活，它是日常交流中的表情包，是商业活动中经过包装、夸大的商品广告，是个人表达自己的一种手段，是教育领域有效传达信息的手段，是艺术领域表达美、表达思想的载体……正如苏珊·桑塔格所说，摄影影像并不是用于表现世界的作品，而是世界本身的片段，它们是现实的缩影，任何人都可以制造或获取。照片（或者说图像）篡改世界的规模，图像本身被缩减、被放大、被裁剪、被修饰、被篡改、被装扮。图像包装世界，自己也难逃被包装的命运。它们或被夹在相册里，或被裱起来，或被固定在墙上，或被当作PPT来放映。报纸杂志刊登它们，博物馆展览它们，出版社汇编它们。① 警察和法官对它能做的仅是按照某种顺序排列它们，进而实现维特根斯坦意义上的使命。

　　但当今的图像距离维特根斯坦意义上的图像已经相去甚远，即图像是逻辑的、思想的表达。在这个图像伦理问题频出的当下，在这个所谓的"读图时代"，我们可以提问：图像是否如实展现了语言的命题？图像是否稀释了语言所想要表达的意义？它是否缺失了逻辑、思想、艺术甚至道德？

---

　　① ［美］苏珊·桑塔格. 论摄影［M］. 黄灿然，译，上海：上海译文出版社，2010：8-9.

# 四、结语

文章最后，还是想回到最开始提出的问题，即"维特根斯坦是谁"。维特根斯坦是一个把哲学问题和人生问题紧密联系在一起的哲学家。他能够同时思考逻辑与伦理，因为对他来说语言及其逻辑是对生活的一个微笑，显然包括我们需要用以指导生活的一个测验实例。① 由德里克·贾曼（Derek Jarman）拍摄的传记片《维特根斯坦》（*Wittgenstein*，1993）在对他进行总结时很好地结合了他的思想和人生：

> 一个年轻人想把世界简化到纯粹的逻辑里，聪明如他确实做到了。当他完成这个作品后，回首欣赏着这个美丽的、摒除了不完美和不确定的世界。他看到这个璀璨的冰原一直延续到地平线。于是，聪明的年轻人决定探索这个由他所创的世界。可是当他向前迈出第一步，立即摔倒了。你看，他忘了摩擦力。冰面平坦光滑、洁净无瑕，但是完全无法在上面行走。聪明的年轻人坐在那里，流下心碎的眼泪。
>
> 当他成长为一个智慧的老人时，他开始理解粗糙和混沌并不是缺陷，世界就是因此得以运转。他想奔跑、舞蹈。而世界崩塌，语言散落一地，光泽不再，变得污秽。智慧的老人领悟到这是事物本来的模样。但他内心依旧迷恋着冰原，那个纯净的世界，一切闪耀着纯粹的光芒的世界。虽然他日渐喜欢上了

---

① ［美］贾可·辛提卡. 维特根斯坦［M］. 方旭东，译，北京：中华书局，2002：70.

坑坑洼洼的地面的观点，但那里并非其安身立命之处。于是，他徘徊于地面和冰面之间，哪里都不是他的归宿。这是他所有悲痛的根源。

聪明的年轻人和智慧的老人分别代表着前期的维特根斯坦和后期的维特根斯坦。璀璨却没有摩擦力的冰原世界代表着早期的维特根斯坦构建的一种能够相对准确地体现出"实在的逻辑结构"的新表达方式。冰原世界的崩塌、变形意味着维特根斯坦在 20 世纪 20 年代后半期经历了剧烈的思想转型。转型后的他重拾对日常语言的尊敬，逐渐接受这个充满了污秽的粗粝的世界，并且最终认为自己过了很好的一生。

# 学 者 简 评

　　饶烨飞同学从多个角度分析了维特根斯坦的哲学理念，尤其是对语言哲学的贡献。文章提到，维特根斯坦在其早期作品《逻辑哲学论》中，提出了语言图像理论，认为语言的功能在于描绘事实的逻辑结构。这种观点强调了语言和现实之间的映射关系，认为每一个命题都是对现实的一种逻辑图像。文章还深入讨论了维特根斯坦晚期的思想转变，特别是在《哲学研究》中对语言的功能进行了重新定位，提出了语言游戏的概念，认为语言的意义在于其使用，而不是其与现实的直接对应。这种观点颠覆了传统的语言哲学观念，强调了语言的多样性和使用的实践性。文章通过对比维特根斯坦前后期的思想变化，展示了他在语言哲学领域的深刻影响。此外，文章还讨论了维特根斯坦对哲学的理解。作者认为，维特根斯坦将哲学视为一种"治疗"的活动，而非提供理论解释。这种观点表明，哲学的任务是澄清思想、消除概念混乱，而不是构建系统的哲学理论。这一理解突显了维特根斯坦对哲学问题的独特处理方式，也反映了他对哲学的深刻思考。总的来说，这篇文章对维特根斯坦的哲学思想进行了全面的探讨和分析，展示了他在语言哲学和哲学方法上的重要贡献，对于理解维特根斯坦的哲学体系提供了有价值的见解。

　　　　　　　　　　　　　　　——上海财经大学人文学院副教授　王格

《百年孤独》是魔幻现实主义文学的代表作，描写了布恩迪亚家族七代人的传奇故事，以及加勒比海沿岸小镇马孔多的百年兴衰，反映了拉丁美洲一个世纪以来风云变幻的历史。作品融入神话传说、民间故事、宗教典故等神秘因素，巧妙地糅合了现实与虚幻，展现出一个瑰丽的想象世界，成为 20 世纪最重要的经典文学巨著之一。1982 年，加西亚·马尔克斯获得诺贝尔文学奖、成为世界级文学大师，很大程度上乃是凭借《百年孤独》的巨大影响。

Gabriel García Márquez

百年孤独

加西亚·马尔克斯 著
范晔 译

**中文版全球首次正式授权！**

《创世记》之后，首部值得全人类阅读的文学巨著。——纽约时报

加西亚·马尔克斯用作品创建了一个自己的世界，一个浓缩的宇宙，其中喧嚣纷乱而栩栩如生的现实，映射了一个大陆及其人民的富足与贫困。——诺贝尔文学奖授奖辞

《百年孤独》，［哥伦比亚］加西亚·马尔克斯著，范晔译，南海出版公司，2011

# 作 者 自 述

　　蔡彧非，现就读于上海财经大学2022级商务英语专业。

　　艾略特曾言："书籍是人类最宁静和最永恒的朋友，也是最易接近和最具智慧的顾问，还是最有耐心的良师益友。"在知识的田野上，我愿做一位孜孜不倦的耕耘者，汲取真理与信仰的力量。我愿以笔为舟，以墨为桨，继续在书海中探索，追寻那些触动灵魂的篇章。

　　希望我的文字能像曾经感动我的那些书一样，温暖和启发更多的心灵。阅读是一场内心的修行，希望在这次修行中，与你一同分享我的感悟与收获。

# 穿越时空的孤独史诗:《百年孤独》的文学探索与文化映照[①]

## 一、魔幻现实主义的魅力

在《百年孤独》中,加西亚·马尔克斯巧妙地将现实与幻想编织在一起,将现实与幻想的界限模糊化,创造出一个既真实又梦幻的马孔多,一个既熟悉又陌生的世界。这个小镇不仅是布恩迪亚家族的家园,也是拉丁美洲历史的缩影。这种独特的叙事手法使得马孔多这个小镇仿佛存在于一个平行宇宙,它的居民们经历着超自然的事件,却以一种近乎日常的态度接受它们。例如,蕾梅黛丝升天的奇迹,或是乌尔苏拉与她死去的丈夫的对话,这些情节在现实世界中是不可思议的,但在马尔克斯的笔下却显得很自然。这种现实与幻想的交织不仅增加了故事的吸引力,而且使得读者在阅读过程中不断地重新审视现实与虚构的界限。书中的黄金鱼、飞毯,以及那些不可思议的自然现象,都是马尔克斯对拉丁美洲丰富传说和民间故事的再现。这些元素不仅为故事增添了神秘色彩,而且让读者

---

① 第三届上海财经大学"悦读达人"获奖作品。

在现实与幻想之间游走，体验到一种超越现实的阅读快感。

马尔克斯在书中对时间的处理同样令人着迷。他打破了传统的线性叙事，让时间在故事中呈现出循环和流动性，展现了他对历史循环论的深刻理解。布恩迪亚家族的历史仿佛在不断重复，每一代人都在以不同的方式重演着前辈的命运。这种时间的循环不仅体现在家族成员的姓名和命运上，而且体现在马孔多小镇的历史变迁中。例如，家族中的奥雷里亚诺上校，他的一生都在重复着家族的战争历史，而他的后代们也在不知不觉中重蹈覆辙。读者在跟随布恩迪亚家族的故事时，会感受到一种超越时间的孤独感，这种孤独感贯穿了整个家族的历史，成为他们共同的宿命。

这种时间的循环不仅是对拉丁美洲历史的隐喻，而且是对人类历史的一种反思。它让读者思考历史的重复性，以及个体在历史进程中的位置。通过这种循环，马尔克斯探讨了历史循环的不可避免性和个体的无力感，同时也提出了对历史记忆和历史责任的思考。

《百年孤独》的语言是其魅力的另一个重要来源。马尔克斯的语言艺术在《百年孤独》中达到了巅峰。他的叙述既有力又富有节奏感，如同一首长篇的叙事诗。他的比喻生动而富有想象力，如将蕾梅黛丝升天描述为"像一只巨大的蝴蝶"，这种描述不仅增强了故事的视觉效果，而且让读者在阅读中体验到一种诗意的美。他用华丽的辞藻和生动的比喻来描绘场景、塑造人物，使得整个故事充满了视觉和感官上的冲击力。这种语言的运用不仅增强了故事的表现力，而且使得读者在阅读时能够感受到作者的情感和思想。通过这种语言的魅力，马尔克斯成功地将读者带入布恩迪亚家族的世界，在每一个细节中感受孤独的重量。此外，马尔克斯对细节的描绘也极具匠心。他通过对马孔多小镇的自然景观、家族成员的日常生活以及社会变迁的细致描写，构建了一个立体而真实的世界。这些细节不仅丰富了故事的背景，而且让读者能够更加深入地理解角色的内心世界和他们所处的时代。

## 二、孤独：家族的宿命与人类的共鸣

《百年孤独》中，孤独是布恩迪亚家族成员共同的宿命。从何塞·阿尔卡迪奥·布恩迪亚的孤独探索，到奥雷里亚诺上校无尽的战争循环，再到乌尔苏拉坚忍不拔的守护，每个角色都在以自己的方式体验着孤独。这种孤独不仅是物理上的孤立，更是心灵上的隔绝。他们的故事仿佛是一面镜子，映照出每个人内心深处的孤独感。读者在阅读这些故事时，不难发现自己生活中的孤独时刻，从而产生强烈的共鸣。

孤独在《百年孤独》中不仅是个体经历的情感状态，更是一种深刻的象征和隐喻。它代表了个体在面对广阔世界时的渺小感，以及在追求理想与现实碰撞中的孤立无援。布恩迪亚家族的每个成员都在以不同的方式体验孤独，这种孤独感贯穿了他们的生活，成为他们共同的宿命。例如，何塞·阿尔卡迪奥·布恩迪亚对知识的渴望和对马孔多的建立，体现了一种对未知的探索和对孤独的直面。他的孤独是对智慧和进步的追求，也是对人类命运的沉思。孤独的象征意义在书中的许多场景中得到了体现。马孔多小镇的兴衰，布恩迪亚家族的命运，甚至整个拉丁美洲的历史，都可以通过孤独这一主题来解读。孤独成了一种隐喻。这种孤独不仅是家族的，而且是整个拉丁美洲乃至全人类的。它象征着个体在历史长河中的挣扎，以及在全球化浪潮中对文化身份的坚守和探索。

　　孤独在《百年孤独》中也是自我认知的催化剂。在孤独的时刻,角色们往往能够进行深刻的自我反思,从而实现自我成长和转变。例如,奥雷里亚诺上校在战争的间隙中,通过孤独的沉思逐渐理解了自己的行为和动机。他的孤独不仅是对战争的反思,而且是对个人存在意义的探索。乌尔苏拉在家族历史的长河中,通过孤独的坚持展现了她对生活的理解和对家族责任的承担。她的孤独是对传统价值的坚守,也是对家族未来的担忧。这些角色的孤独经历,让读者看到了个体在面对生活挑战时的坚韧和脆弱。他们的孤独不仅是个人的故事,而且是人类共同经历的写照。通过这些角色的故事,马尔克斯探讨了孤独在个体成长中的作用,以及它如何成为个体与世界连接的桥梁。

## 三、历史的循环与命运的无常

　　《百年孤独》中的布恩迪亚家族史,不仅是对一个家族百年兴衰的记录,更是拉丁美洲历史变迁的缩影。家族成员的命运与拉丁美洲的政治动荡、社会变革紧密相连,反映了这片大陆上的人民在历史洪流中的挣扎与无奈。何塞·阿尔卡迪奥·布恩迪亚的探险精神、奥雷里亚诺上校的内战经历,以及家族后代们在现代化浪潮中的迷茫,都是拉丁美洲历史循环往复的缩影。这种历史循环的主题,让读者不禁思考个体命运与历史进程之间的关系。此外,家族史与拉丁美洲历史的交织,不仅体现在宏观的历史事件上,而且体现在家族成员的日常生活和个人选择中。例如,家族成员对马孔多的忠诚与对外界的排斥,反映了拉丁美洲国家在面对全球化时的矛盾态度。他们既渴望与世界接轨,又害怕失去自己的文化身份。这种矛盾在家族成员的生活中不断上演，成为了拉丁美洲历史的一部分。

在布恩迪亚家族的历史中，历史的重复性是一个显著的特点。家族成员们似乎无法逃脱命运的安排，他们的行为和选择在不知不觉中重复着前辈的模式。这种历史的重复不仅体现在家族成员的个人命运上，而且体现在整个拉丁美洲社会的发展上。这种重复性让个体感到无力，因为他们似乎无法通过自己的努力改变历史的进程。然而，正是这种无力感，激发了人们对自由意志与命运的深刻思考。家族成员们在面对历史的重复时，虽然感到无力，但他们也在不断地寻求改变。奥雷里亚诺上校的战争，虽然未能改变国家的命运，但他的抗争精神却激励了后代。这种对改变的渴望，在短期内看似徒劳，但在长远的历史视角中却可能成为推动历史前进的力量。

在《百年孤独》中，命运的不可抗力是另一个重要主题。家族成员们经常在梦中或通过其他神秘的方式预感到即将发生的事情，但这些预兆往往无法改变他们的命运。这种命运的预兆与不可抗力，让读者感受到了一种超自然的力量，它似乎在操控着人物的命运。这种对命运的描绘，让读者对人类存在的意义和目的产生了深刻的思考。它提出了一个哲学性的问题：我们是否能够掌控自己的命运，还是我们只是历史和命运的棋子？通过这些思考，马尔克斯不仅探讨了个体在历史中的位置，而且对人类自由意志的可能性提出了质疑。

## 四、爱情、权力与战争：人性的多面镜

在《百年孤独》中，爱情是一个复杂而多维的主题。它既是人

类情感的纯粹体现,也是家族命运的转折点。爱情在这里既是生命的源泉,也是悲剧的起点。从何塞·阿尔卡迪奥与乌尔苏拉的禁忌之爱,到奥雷里亚诺与蕾梅黛丝的不伦之恋,再到家族后代们在爱情中的挣扎与追求,每一段爱情都深刻地影响着家族的命运。

爱情的追求在布恩迪亚家族中呈现出多样的面貌。有时它是对自由的渴望,有时它是对稳定的向往。然而,无论是哪种形式,爱情总是伴随着失落。家族成员们在追求爱情的过程中,经历了背叛、失望和孤独,这些情感的起伏不仅展示了人性的脆弱与坚韧,而且反映了社会规范与个人欲望之间的冲突。在这些故事中,爱情既是救赎的力量,也是导致孤独与痛苦的根源。

权力的主题在《百年孤独》中同样引人注目。奥雷里亚诺上校的一生,是对权力渴望的缩影。他的一生都在追求权力,试图通过军事力量改变国家的命运,他的军事生涯既是对个人理想的追求,也是对家族和社会地位的渴望。然而,对权力的渴望最终导致了他的孤立与失败。书中对权力的描绘揭示了权力的双重性:一方面,它是实现理想和改变世界的工具;另一方面,它也是导致腐败和毁灭的根源。

而战争作为《百年孤独》的背景,不仅为故事增添了戏剧性,而且深刻地揭示了人性的残酷和荒诞。奥雷里亚诺上校的内战经历,是对战争残酷性的直接展现。他的战争生涯,充满了血腥和暴力,反映了战争对人性的扭曲。同时,战争的荒诞性也在书中得到了体现。家族成员们在战争中的遭遇往往充满了讽刺和黑色幽默,如奥雷里亚诺上校对战争的无意义的反思,以及家族后代们对战争历史的无知。

战争的残酷与荒诞不仅影响了布恩迪亚家族,而且反映了拉丁美洲历史上的冲突和动荡。通过战争，马尔克斯探讨了人类暴力的本质，以及战争对个体和社会的深远影响。这些对战争的描绘，使得《百年孤独》不仅是家族史，而且是对人类历史和人性的深刻反思。

## 五、文化与身份：拉丁美洲的自我探索

《百年孤独》不仅是对布恩迪亚家族的叙事，而且是对拉丁美洲文化多样性的一次深刻展现。书中的马孔多小镇，如同一个文化的大熔炉，融合了印第安文化、欧洲文化……马尔克斯通过对这些文化的细致描绘，展现了拉丁美洲人民在历史长河中如何吸收、融合并创造出独特的文化身份。从家族成员的宗教信仰到日常生活的习俗，从节日庆典到语言的使用，书中的每一个细节都反映了拉丁美洲文化的复杂性和独特性。这些文化的交汇与碰撞，不仅塑造了小镇独特的社会风貌，而且反映了拉丁美洲人民在历史长河中的身份认同和文化自觉。

在《百年孤独》中，身份认同的探索是一条贯穿全书的主线。布恩迪亚家族的成员们在追求个人身份的同时，也在寻找自己在更广泛的社会和文化中的位置。他们在个人与家族、传统与现代、本土与外来文化之间寻找平衡。这种探索充满了冲突和矛盾，正如奥雷里亚诺上校在追求政治理想时所经历的挣扎，或是家族后代在面对现代化浪潮时的困惑。

这些冲突不仅体现了个体层面的挣扎，而且反映了拉丁美洲在全球化背景下的文化焦虑和身份危机。家族成员们的身份认同问题，实际上是拉丁美洲在面对全球化挑战时的缩影。他们在维护传

统文化的同时,也在努力适应现代世界的变化。这种双重身份的探索,使得《百年孤独》不仅是家族史,而且是拉丁美洲文化自我探索的史诗。

在《百年孤独》中,传统与现代的碰撞是一个不断出现的主题。布恩迪亚家族的故事见证了马孔多从封闭的乡村社会向开放的现代世界的转变。这个过程中,家族成员们经历了从对传统的坚守到对现代生活方式的接受。这种转变带来了新的机遇,也带来了挑战。马尔克斯通过这种碰撞,探讨了传统价值在现代社会中的地位,以及个体如何在快速变化的世界中保持自我。例如,家族中的年轻一代在追求现代化的同时,也在努力寻找与传统文化的连接。这种对传统的尊重与现代生活的适应,体现了拉丁美洲人民在全球化浪潮中的自我定位和文化自信。

## 六、《百年孤独》的文学价值与影响

《百年孤独》在文学技巧上的运用堪称典范。马尔克斯巧妙地融合了魔幻现实主义与历史小说的元素,创造了一个既真实又神秘的叙事世界。他的笔法自由流畅,能够在现实与幻想之间无缝切换,使得读者在阅读过程中体验到一种超现实的美感。他的叙事手法不局限于传统的线性叙述,而是采用了多线索并行、时空交错的方式,为读者呈现了一个错综复杂的叙事结构。这种结构不仅增加了故事的层次感,而且使得读者在阅读过程中不断地重新定位自己对故事的理解。

《百年孤独》对后世文学的影响是深远的。它不仅在拉丁美洲文学中掀起了一场革命,而且对全球文学产生了重要影响。许多作家受到马尔克斯的启发，开始尝试将魔幻现实主义的手法运用到自己的作品中，从而拓宽了文学的表现手法和主题。《百年孤独》的成功，激发了全球读者对拉丁美洲文学的兴趣，也促进了跨文化交流和理解。它证明了文学的力量能够跨越国界和文化，触动人心，激发共鸣。这部作品成为了全球文学宝库中的瑰宝，其影响力将会随着时间的流逝而愈发显现。

## 七、结语：《百年孤独》的永恒回响

读《百年孤独》更像是一次心灵的旅行，让我们穿越时空、体验孤独、感悟生命。马尔克斯以其非凡的才华，为我们描绘了一个既真实又梦幻的世界，让我们在阅读中找到了自己的影子，也让我们对人类的命运有了更深的思考。这部小说不仅仅是对布恩迪亚家族百年历史的叙述，而且是对整个拉丁美洲乃至全人类历史和文化的深刻反思。

在这部小说中，我们看到了历史的循环，感受到了个体在历史洪流中的无力和挣扎。我们见证了爱情的甜蜜与苦涩、权力的诱惑与腐败、战争的残酷与荒诞。这些主题不仅在布恩迪亚家族的故事中得到了体现，而且在我们每个人的生活中找到了共鸣。《百年孤独》以其丰富的情感和深邃的思想，触动了无数读者的心灵。

《百年孤独》的成功，证明了文学的力量。它跨越了语言和文化的障碍，成为了全球读者心中的经典。这部作品不仅在文学史上留下了浓墨重彩的一笔，而且在文化传承中发挥了重要作用。它激发了新一代作家的创作灵感，促进了文学的创新和发展。同时，它也成了拉丁美洲文化的象征，让世界更加关注和理解这片土地上的历史和人民。

　　《百年孤独》的影响远远超出了文学领域。它对人类社会、历史进程和文化认同的深刻洞察，为我们提供了宝贵的思考。在今天这个快速变化的世界中，我们仍然可以从这部作品中汲取智慧，反思我们的生活方式和价值观念。《百年孤独》不仅是对过去的回顾，而且是对未来的启示。它将继续以其独特的魅力，影响着一代又一代的读者，成为文学史上不朽的传奇。

# 学者简评

马尔克斯的魔幻现实主义及其代表作《百年孤独》在国内早已声名卓著、影响深远。本文作者在阅读中又有哪些关注的重点和共鸣，或思想的触动呢？作者说："《百年孤独》不仅是一部文学作品，它更像是一次心灵的旅行，带领我们穿越时空，体验孤独，感悟生命。"我想这是引发作者共鸣的基本体验，这种体验应该也能与很多读者共享。

文章从"魔幻现实主义的魅力""孤独：家族的宿命与人类的共鸣""历史的循环与命运的无常""爱情、权力与战争：人性的多面镜""文化与身份：拉丁美洲的自我探索""文学价值与影响"等方面，帮我们概括、分析了原著，透露出作者感悟的丰富与敏慧，加上文笔优雅，读来令人赏心悦目。

——上海财经大学法学院教授　徐继强

《莎菲女士的日记》是一篇日记体小说，描写"五四"运动后北京城几个青年的生活和爱情。莎菲这一女性形象具有代表意义，她追求真正的爱情，追求自我，要同旧的事物决裂，但又找不到新的方向，作为女性个人主义者，她的反抗只能以悲剧结局。小说以大胆的、毫不遮掩的笔触，细腻真实地刻画出女主角的倔强个性和反叛精神，成为女性文学的经典之作。

丁玲作于20世纪40年代的小说《在医院中》《我在霞村的时候》，与《莎菲女士的日记》一脉相承，体现了作者的胆识和鲜明的女性主义立场。

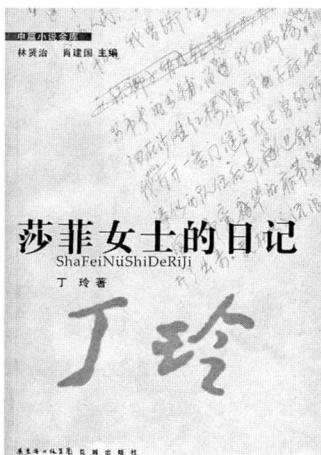

《莎菲女士的日记》，丁玲著，花城出版社，2010

# 作者自述

卢欣芸，女，现就读于上海财经大学统计与管理学院 2022 级统计学实验班。

吾生于江南西子湖畔，长于烟柳画桥之都，沐浴吴越文化之泽。名曰欣芸，寓意深远。欣者，有欣欣向荣之貌，喻吾志犹旭日初升，生机盎然，似春苑草木，吐露葳蕤之华；芸者，承芸芸众生之寓，示吾身虽渺如芥子，然愿悟苏子江水东流、月盈月亏之哲思，知纷扰之难避，归真理于本心，托宁静于幽思。

《道德经》有云："夫物芸芸，各复归其根。"芸之根，深植文化沃土，汲古泽今，犹草木蒙雨露之滋养，其源远流长，非土壤滋养之限，更寓其生命之源，精神之所系；余之愿，虽处纷纭之世，观枯荣兴衰，亦求心归本源，效法自然之道，于众生中默默耕耘，探寻芸芸之真谛。

学海无涯，道阻且长，余孜孜以求，不倦探索；才情虽微，但笔耕不辍，勤勉始终。愿以拙文会友，共话天下之大观，齐叙人间之百态。

# 当温柔之声沉寂

——从女性主义浅谈《莎菲女士的日记》的爱情观①

## 一、爱情的失落与呼唤

爱情，作为一个古老而又永恒的主题，是使人痴迷又让人心伤的字眼。她曾创造过无数光怪陆离的生活，却也酿成不少苦涩难尝的醇酒。无限的吸引力与莫测的过程，使得爱情主题成了文学创作的常客。从东方到西方文学，从贾宝玉和林黛玉到罗密欧与朱丽叶……爱情文学表现时代情爱文化，又以别具一格的方式陶冶情操，影响着人的爱情观和行为方式。

五四运动后，传统爱情与婚姻观念发生极大的裂变，我们的民族文化经历了一场扬弃、迎新并重塑的历程。爱情，尤其是那种自由、不受世俗规范约束的爱情，在五四时期成为个性解放的代名词。五四新文化运动实质上是一场颠覆性的"反叛"运动，挑战了封建家长制度下"父权"的地位。反对"父权"和选择离开家庭"出走"成为年轻男女实现"个性解放"的两种重要方式。五四运

---

① 第三届上海财经大学"悦读达人"获奖作品。

动的口号是"解放个性"，而"个性解放"的核心内容则包括"婚恋自由"，女性为了爱情而反抗父权、选择远离家庭的情节成为新文学作品中的重要主题之一。

## （一）性的崛起——女性对身体的掌控

深度解读《莎菲女士的日记》，莎菲的恋爱心理与观念不仅构成了故事的核心内容，而且是对这一人物形象进行深入剖析的关键。

这部作品毫不避讳地展现了莎菲对爱情的渴望所表现的性欲，以及理性与感性、情感与肉体之间的相互纠结与互相拉扯。莎菲对于那种较为顺从的男人苇弟并不完全满足，却又表现出一定的需求。对于后来出现的美男子凌吉士，莎菲其实抱有着复杂的情感，她迷恋并执迷于他那极具吸引力的外表，在对其外貌进行细致描写时，展现出了带有性欲色彩的迷恋。尽管在第一次见面时就有亲吻和拥抱他的冲动，但受制于外部社会舆论的影响，莎菲无法放任自己的激情，如她所写："但我知道在这个社会里面是不准许任我去取得我所要的来满足我的冲动，我的欲望，无论这是于人并不损害的事。"①

即使此刻他们相拥，他们互吻，于别人是无害的，却因为世俗眼光的束缚而自我克制。然而，莎菲女士的欲望表达与郁达夫在《沉沦》等作品中对性欲的阐释截然不同。郁达夫作品中的主人公在满足性欲后可能感到愧疚，或认为自己过于放纵，从而自责道德。他们仅仅将欲望视作个人问题，内化为私人的罪孽或弱点，而不是将其看作普遍的人性体验的一部分。在《沉沦》中，主人公的

---

① 丁玲. 莎菲女士的日记［M］. 北京：中国青年出版社，2011：67.

这种心理状态反映了一个更广泛的文化背景，也从侧面反映出五四时期女性解放道路的曲折艰辛。

在这一背景下，丁玲对女性情感的描述有着重大突破，与其他五四时期女作家（如庐隐等）相比①，她突破了刻画爱情避讳性的藩篱，开始探讨爱情内在问题，着眼于女性自身对身体的掌控权，并以独立的女性视角审视爱情，而非将重点放在外部爱情阻碍上。

"正常的人应该是有欲望，但是没有亏欠感。"辩手席瑞曾在《奇葩说》中谈到。早在五四时期，陈独秀就认为：执行意志，满足欲望，是个人生存的根本理由，始终不变的。② 欲望的崛起可视为丁玲对女性爱情观的重新定义，对女性身体自主掌控权的呼唤。

然而，在莎菲与凌吉士那充满错位与猜忌的情感纠葛中，除了女性对自我身体掌控权的坚定追求外，不乏对真挚爱情的渴望与憧憬。我们的主人公莎菲，渴盼某种独属于聪明人的情爱游戏，她需要情人的体贴与理解，但他于她也像是爱情里的猎物。

可惜凌吉士俊逸的外表下，暗藏的是卑劣的灵魂。他对莎菲的追求并不是想博得灵肉一致的爱情，而仅仅出于情欲上的需要。凌吉士的个人志趣包含一种无止境的、把人类的生命和其他资源据为己有和物化的欲望，其与莎菲的关系也包含物化的欲望形式，并不平等。因此，二者的爱情充满矫情饰貌的猜疑，谈不上笃挚的情谊。十几年以后的张爱玲，在《倾城之恋》中对男女爱情的描摹也大同小异。在范柳原的精心设计下，无路可退的白流苏决定前往香港。两者在香港的互动，全然是庸俗的调情。尽管从结局处似可窥

---

① 张传敏. 论莎菲女士的形象兼及"五四"小说中的性爱主题 [J]. 名作欣赏, 2007（22）: 50-53.

② 陈独秀. 人生真义 [J]. 新青年, 1918（2）.

得这对男女的一点真心，但这仅是"倾城"战争的成全，仅是因共历生死难关而依依相惜。

## （二）美的追求——灵肉一致的和谐

若说是只顾纯粹的欲望，即便是当时那些新文学家，也不会全然认可。周作人认为，恋爱"是两性间的官能的道德的兴味"，一面是性的牵引，另一面是人格的牵引，"不单是性的冲动"①。显然，他认为单纯的欲望本身还不能称为爱情。

由此看来，即使在"五四"新文化潮流中，也并不是只注重欲望解放。在批判旧道德的同时，新文化阵营也要建设自己的新道德。"五四"的人性观、爱情观也含有"灵"的成分，它不可避免地要对欲望进行限制。

丁玲明显地强调爱情必须有精神上的一致性。她笔下的莎菲女士之所以最终逃避了自己的欲望，正是因为莎菲和凌吉士之间缺乏这种精神上的一致。莎菲不可能认同凌吉士那种"拿金钱在妓院中，去挥霍而得来的一时肉感的享受"② 以及由"金钱""年轻太太""白胖儿子""留学哈佛""外交官""橡树生意""资本家"等构成的生活世界和目标。她和凌吉士缺乏精神上的共鸣，因此对凌吉士的欲望就不可避免地会受到压抑。

逢场作戏、得过且过完全是畸形的恋爱态度，而柏拉图之恋也并非正常的爱。"恋爱的理想境界需要追求灵与肉的一致，既追寻美感，也看重心灵；既追逐男女自然需要，也强调男女社会需要；

---

① 周作人. 答蓝志先书 [J]. 新青年，1919（4）.
② 丁玲. 莎菲女士的日记 [M]. 中国青年出版社，2011：88.

既渴望当下的愉悦，也渴盼长远的幸福。"莎菲追求的爱是美化包装过的、理想化的，她对于爱情的期待并非基于现实的妥协或简单的欲望满足，而是有着更高的审美标准和理想追求。她所期望的爱情不仅是情感的交流，更是灵魂的契合和升华。

她追求灵与肉的高度一致，更注重健康的灵魂在处理两性关系中的地位，当对方不能达到这一要求时，莎菲宁肯放弃。例如，当莎菲得知凌吉士是一个花花公子，出入妓院并且已是有妇之夫时，她开始觉得美丽高贵的外表里竟装着一个卑劣的灵魂，她开始否定凌吉士对她的爱。于是，在最后凌吉士吻了她的脸之后，她"张大着眼睛望他"，以为她"胜利了"，这表现了莎菲将视凌吉士为她追求真爱路上的"假想敌"。

## （三）情的回归——接受与表达内心情感需求

让我们再将丁玲《莎菲女士的日记》与张爱玲《倾城之恋》进行比较。这两篇小说的女主角在追逐爱情中都使用了靠近以及离开男人的方法以达到自己的目的，然而白流苏的离开是为了再度回头，是不得不屈服于范柳原；莎菲的离去，却是不屈从于男性权威，只追求灵与肉统一的爱情的表现。丁玲和张爱玲的作品中均表现了女性意识的苏醒，但是描写方式不尽相同，丁玲笔下的莎菲为获女性独立地位去抗争现实，而张爱玲则是通过写白流苏屈于男权、沦为男性附属品来反思女性的劣势位置。因而白流苏在一定程度上暗示现实，莎菲则是理想化的。[①]

---

① 郭凤娇.《莎菲女士的日记》与《倾城之恋》爱情之比较［J］. 戏剧之家，2019（22）：92-93.

自古以来，我国女性是第二性，处于社会的边缘。莎菲完全打破了封建伦理对美好女性的定义，勇敢迈出了女性走向解放的第一步。丁玲让女性独立审视男性，把起着主宰地位的人定义成莎菲，并大胆提出了爱和性的问题。而这些问题，彰显了女性对接受和表达内心的情感需求的强烈渴望，这便是女性"情的回归"。

## 二、爱情回归后的反思剪影

当描绘爱情的文学成为一种时髦，我们需要回溯其背后的时代价值取向；当金碧辉煌的爱情圣殿坍圮，我们也要从层层掩埋中窥见曾经沧海难为水的沧桑。

### （一）被忽视的"不出场"小人物

总有一些角色以他们独特的方式在故事里悄然留痕。蕴姊此人，虽未在小说的情节中真正"出场"，却是不容忽视的一个"在场"。蕴姊的不幸是一记丧钟，暗示了莎菲们与世俗抵牾的两难：狷介自守则注定孤独，同流合污则内心挣扎。蕴姊，那位未曾直接"出场"的小人物，以其命运的不幸成为莎菲与世俗抗争的触发剂。她的影子在莎菲的每一个选择中若隐若现，揭示了那个时代女性所面临的普遍困境与苦闷。

莎菲最后选择娜拉式的"出走"，既是担心被庸常琐屑的生活腐蚀，也是对周遭环境彻底失去希望之余的"自救"。她渴望找到一片属于自己的天空，追求真正的自由和幸福。

然而，莎菲的苦闷正如茅盾所说，是"时代"而非"个人"的。这种苦闷深植于时代的土壤，是众多女性共同的心声。蕴姊的深沉经历，宛如一面镜子，映射出莎菲们与世俗抗争的艰辛；她的无声存在，如同潜流，悄然影响着莎菲的每一个决定。

蕴姊的"在场"，不仅丰富了丁玲作品的艺术表现力，更深化了作品的社会意义和人文关怀，使得读者能够从中窥见那个时代的真实面貌，感受到女性为追求自由和平等所付出的努力与牺牲。

## （二）病态的浪漫

李银河曾在《女性主义》一书中为"女性主义"下了一个最通俗易懂的定义：女性主义归根到底就是在全人类实现男女平等。学者戴锦华亦强调："你要学会真正地去平视你身边的男性，而不是神话他们、仰视他们，把那些男权创造的神话内在化。"

在这个理想的映照下，莎菲的形象显得尤为错综复杂，她并非传统意义上的鲜明女性主义者，其浪漫情怀中交织着病态的纠结与深刻的矛盾。莎菲的"女性主义"探索，并非激进或界限分明的宣言，而是一种在追求与拒绝之间游移不定的微妙状态。① 她对凌吉士的迷恋，既是对外在美的痴迷，也是内心深处对自我欲望的探索与挣扎。明知凌吉士的虚伪与自私，却依然为其魅力所惑，这种矛盾情感让她在自我否定与重塑间不断徘徊，寻求着既满足情感又符合道德的爱情理想，然而这理想在现实中却遥不可及，最终将她引向病态的浪漫深渊。她试图通过否认凌吉士可能对她抱有的爱情，来逃避内心的混乱与不安，而当凌吉士的亲吻带来瞬间的错觉时，她误以为"胜利"，这不过是内心混乱的投射。

---

① 刘宏志. 在追求与拒绝之间——谈《莎菲女士的日记》中的女性主义立场 [J]. 名作欣赏，2010（23）：76-78.

　　莎菲的迷惘与无助，源于她对时代的困惑和对自我认知的模糊。五四新文化运动虽然为女性打开了新的视野，释放了莎菲的欲望，却未能为她无序而强大的欲望、汹涌的情感找到安放的港湾。因此，五四新文化运动落潮后，莎菲陷入了连绵不绝的煎熬之中——看不清前进的步伐，得不到灵肉一致的爱情，莎菲的爱情从而走向病态，最终逃遁。她的爱情观和自我认知在时代的洪流中不断被冲刷、重塑，最终呈现出一种复杂而矛盾的状态。这与郁达夫笔下人物的"时代病"有异曲同工之妙，潮起潮落的时代，无不在主人公的心灵上留下很深的印迹。

　　莎菲在爱情中的主动与大胆，常让人误以为她已完全掌控了情感的主动权，无论是拒绝苇弟还是对凌吉士的先追后拒，都似乎把男性玩弄于股掌之上，展现着女性的独立与自由。然而，这表面的自由独立之下，隐藏着女性在两性关系中深刻的不自由。小说通过莎菲对凌吉士的复杂情感，揭示了女性意识的觉醒与挣扎，这种觉醒是在追求与拒绝的矛盾中悄然绽放的。

　　这就不得不提小说中的另外两对爱人——平等却保持距离"禁欲"的毓芳与云霖、有爱情但悲剧收场的蕴姊和苇弟哥哥。他们的经历给莎菲带来了警醒，"倘使是爱上人，走入婚姻的话，立刻就会丧失她好不容易争来的独立自由的社会地位"。正因为婚姻导致了女子独立自由地位的丧失，莎菲就不免对婚姻、爱情有了不自觉的排斥心理。这样，她身上就形成了矛盾的现象，一方面，作为一个独自在外的年轻女子，渴望爱情、温馨。但当爱情真的来临时，她又开始排斥爱情。这样，我们就可以理解莎菲为什么后来突然发现了凌吉士那么多的缺点。

　　莎菲的"女性主义"浪漫，不仅是对个人欲望的追寻，更是对女性命运深刻反思的体现。她在探索自我实现的过程中，不断挑战传统的性别角色与关系，尽管这一过程充满了隐晦与复杂。她对凌吉士的情感纠葛，是她对自我价值与女性身份不懈探索的缩影。在这个过程中，她既展现了女性的独立与坚韧，也揭示了女性在追求平等过程中的艰难与不易。莎菲的形象，是那个时代女性生存状态的真实写照，也是对女性主义发展道路上矛盾与冲突的深刻揭示。

至此，我们可以说莎菲并非一位纯然的女性主义者。她的"女性主义"浪漫带有一种病态的特质，使她在追求爱情和自我实现的道路上不断迷失和徘徊。

### （三）所谓"现代"实则为青春期的躁动与叛逆

莎菲被学界定位为"封建礼教的反叛者"和"爱情至上者"，其对"自由"的追寻体现在三个方面：首先是在身体上摆脱旧有家庭的束缚，其次是在精神层面上追求"个性解放"，最后是在情感上追求"自由恋爱"。因此，许多研究者将莎菲视为"反抗庸俗、追求光明"的代表，并认为她展现了现代意识的典型特征，预示着现代女性时代的来临。

然而，从莎菲真实的生活状态和心路历程中可以看出，她所展现的"现代"特质实际上反映了女性青春期的躁动与叛逆。这种"青春"更多地带有"非理性"色彩，"欲望"如同脱缰的野马横冲直撞。[①] 只是这种青春期特有的生理现象往往被启蒙话语所掩盖，导致人们对莎菲形象现代性的认识存在一定误读。新女性处于青春

---

① 刘广涛.青春视角下的"莎菲形象"探析——重读丁玲《莎菲女士的日记》[J].山东师范大学学报（人文社会科学版），2008（2）：29-34.

叛逆期时遇到启蒙话语环境，这究竟意味着女性通过启蒙话语实现了某种转型，还是仅仅掩盖自身叛逆的生理现象和性别心理？进一步思考青春叛逆与启蒙话语之间的碰撞对女性解放的影响，究竟是真正实现了女性的自由与幸福，还是仅仅是掩盖在时代话语下的一场闹剧？

笔者认为，莎菲的"离家"行为并非出于反礼教反传统的现实需要，但将其沦为欲望的工具恐怕也是不公的。更具解释力的是，莎菲所处的时代是一个旧价值观崩坏而新价值观又未能建立起来的一个时代，这个时代的过渡期是很长的，甚至我们现在仍旧处在这样的时代中。莎菲骨子里呈现出的或为女性青春期主动盲目的自我追寻。她处于青春叛逆期，表现出独特的骄纵、任性与小孩子气，同时渴望得到他人的理解及被家人的爱包围，并依赖父亲。在经济生活中，莎菲也极度依赖父亲与旧有家庭，她的生活闲适安逸，无聊到需要不断煨牛奶来打发时间，并需要花钱进行社交和治病。从小说中的描写可推测她的经济来源依然是旧有家庭，作者丁玲本人的经历与之类似。

莎菲对待苇弟的态度显示出一种现代女性的形象，打破人与人之间那种真挚情感的关联，建立起她的一套虚伪、讲究技巧的价值体系。这种虚伪事实上是莎菲自我保护的外衣，是她作为"新女性"的信念。

而凌吉士却是一个讽刺的出现，他如照妖镜一般拆卸掉莎菲身上所有冷淡疏离的外衣，让她一次次对他抱有爱情的幻想。此时的莎菲将自己原初的旧社会女人所用的那一套招数全都使出来，让她在爱情面前显得如跳梁的小丑。

莎菲作为新文化运动浪潮下成长起来的年轻人，心智与情感都极不成熟，她无法与世界作斗争，只能逃避现实或象征性地表示不满。她的"离家"行为看似因受到启蒙思想的引领，实际上是青春期的盲动与启蒙话语碰撞的结果。

因此，莎菲的形象实际上呈现了青春期女性特有的矛盾心理和自我追寻，与启蒙话语相碰撞后的女性解放，是一种对现实生活平庸的逃避和梦想，而非真正地实现自由与幸福。

### （四）"自由恋爱" ≠ "个性解放"

莎菲所倡导的"自由恋爱"是否代表了"个性解放"思想，这种恋爱模式是否被"女性解放"理念所掩盖导致被忽视，这是我们需要反思的问题。丁玲对莎菲与两名男性的情感纠葛进行深入剖析，呈现了其对"自由恋爱"的态度。

莎菲的日记揭示了凌吉士已婚的事实，但莎菲仍试图征服他，这是否违反了道德准则？若非凌吉士的行为让她醒悟，她是否会继续伤害凌太太？莎菲的行为表现出自我意识，却缺乏理性，将精神自由转化为行动。这种无视道德底线的"自由"展示了她的情感混乱，以"自由恋爱"和"自主婚姻"为借口是否会导致任意纵欲？

在五四时期，爱情上升为重要议题，"恋爱自由是解决妇女问题的开端，也是结束"的手段。对于年轻人，实现"个性解放"至关重要。然而，在男性启蒙小说中，女性常被描绘为底层的、无知的，男性以拯救者姿态介入她们的生活和爱情。《莎菲女士的日记》则置换了男性与女性的位置，莎菲对苇弟和凌吉士的"爱情"展示了对"自我"和"自由"的追求。这两位男性角色代表了传统与现代、保守与叛逆的特质，反映了丁玲的潜意识和时代背景。她通过这两位男性对女性的完整性进行探讨，帮助人们重新审视女性的性别认同。苇弟和凌吉士成为女性性别矛盾的象征，也是五四时代的双重符号。莎菲既征服他人，也被他人征服。

## 三、由莎菲女士爱情观引发的哲思

### （一）敢于反叛抗争，争取个人价值和自由

女性不要做乖顺的承受者，要敢于反叛抗争，争取个人价值和自由。

时至今日，尽管社会已取得长足的进步，但有关女性的偏见与束缚依然如影随形。那些根深蒂固的封建余毒，如同无形的枷锁，束缚着女性的思想与行动。因此，女性更应该铭记莎菲女士的勇敢与坚定，敢于反抗不公，敢于挑战传统，为自己的个人价值和自由权利而奋斗。

要勇敢地摆脱那些束缚我们的旧有观念，挣脱束缚的枷锁，勇敢地追求自我价值的实现。女性不应只是社会的附庸，更应是独立的个体，拥有自己的思想和追求。我们要敢于表达自己的想法，敢于追求自己的梦想，让生命绽放出独特的光彩。同时，也要珍视自己的自由权利，不被世俗的眼光所左右，不被传统的观念所束缚。

### （二）敢于接受和表达内心的情感需求

封建社会对女性的束缚和压制让女性失去自我，无法表达，变成沉默的失语者。莎菲女士则不同，她在日记里表达了对传统道德的不屑和嘲讽，也表达了自己生活的苦闷和迷茫，以及对性爱的渴望和矛盾。她呢喃自语的日记，更像是对世俗社会的大胆宣言，她仿佛告诉我们，表达自己的情绪、需求和欲望并不可耻。

我们不需要去遵从所谓的"传统礼教",也不用费尽心思去讨人喜欢,不用为了符合传统意义上的女性形象去压抑自己;而是要敢于直面自己的内心需求,接受自己的欲望,让自己的生命更加舒展。

我们要像莎菲女士一样,敢于挑战世俗的偏见,敢于追求内心的自由与幸福。只有当我们敢于接受和表达内心的情感需求时,才能真正地活出自我。

### (三)敢于主动追求,但需警惕"现代"特质下的误区

女性不要做被动的接受者,要敢于主动追求"灵肉统一"的理想爱情。莎菲身边的两个男人,苇弟和凌吉士,彻底颠覆了传统意义上伟岸的男性形象。在与他们交往的过程中,莎菲始终占据主导地位,保持着控制权和主动权,虽然有迟疑、有挣扎,但是她保持了最后一刻的清醒,没有在肉欲中沉沦堕落。

现代女性在爱情里,一定要知道自己想要什么,有底线,有原则,不将就,不妥协,保持清醒与自觉。

然而,在追求"灵肉统一"的理想爱情的过程中,我们也应警惕一些误区。莎菲所展现的"现代"特质,实际上反映了女性青春期的躁动与叛逆,这种特有的生理现象往往被启蒙话语所掩盖。我们不应将青春期的叛逆与冲动等同于真正的现代性和女性解放,而应当理性看待并引导这种情感。

社交媒体上有这样一句话令我印象深刻,"肉体碰撞得太早,灵魂就很难靠近了"。在追求爱情的过程中,过早的肉体接触可能会阻碍心灵的深入交流和灵魂的相互理解。真正的爱情应该是建立在双方对彼此内在世界的了解和欣赏之上,而非仅仅是肉体的

满足。

爱情，是需要时间去细细品味和深刻理解的。它不应只是肤浅的外貌吸引或肉体的冲动，而且要爱一个人的全部，包括其性格、为人处世的态度、穿衣风格，甚至是那些未经打磨的缺点和不完美。我们应该学会欣赏彼此的独特之处，包括那些脆弱的时刻，那憔悴的皮肤，坏脾气，或是深夜里的心事与泪水。真正的爱情是无条件的接纳，是爱对方的古灵精怪，也爱对方的不完美，正如同我们希望自己被爱。

给彼此时间和空间，慢慢地熟悉对方，接受对方的一切，而不是一开始就急于冲动。爱情是一个逐步的过程，需要耐心和包容。过早的肉体接触往往会让双方关系变得模糊，缺乏深度和真实的情感连接。真正的爱情，应该是通过时间的积淀和相互的理解来逐渐建立的，而非一蹴而就。

性在爱情中常常是一种作弊的行为。它抄近路直达亲密关系，略过了解一个人的内心，其实既没打开过自己的世界，也没走进过对方的内心。你并没有因为恋爱而丰富自己的精神世界，只是找了一个人填满了无聊的时间。

快餐式的爱情虽然短暂而刺激，但往往缺乏深度和持久性。过早的肢体接触更像是黑夜里转瞬即逝的烟火，你只记得当时夜空的璀璨，却忘记收拾一地的火药残骸。真正的爱情需要时间去培养和经营。只有在长时间的相处中，我们才能逐渐了解对方，接受对方的全部，包括优点和缺点。这样的爱情才是真实而持久的。一定要找到那个够坦诚，愿意浇灌你灵魂的人，倘若一开始就被肉体的欲望所驱使，我们容易忽视对于对方内在世界的探索，从而错过真正的爱情。

同时，我们也要警惕病态的浪漫并非纯然的女性主义。在追求爱情的道路上，女性应保持独立与清醒，不应为了所谓的"浪漫"而无视道德底线，否则只会陷入情感混乱。"自由恋爱"和"自主婚姻"不应成为任意纵欲的遮羞布。真正的自由恋爱应建立在尊重、理解与平等的基础上，而非无视道德底线的放纵。

传统社会将生育视为性的唯一目的，从而忽视了"灵肉一致"的爱情中性的多样性和复杂性。同样，在探讨女性在爱情中的角色和地位时，我们也需要超越传统观念中对于女性的刻板印象和偏见，让爱情回归其本质——两个灵魂之间的交流和共鸣。

爱情，应该是一个灵魂对另一个灵魂的态度。真正的爱情源于灵魂的相遇，建立在平等、尊重和理解的基础之上。

陈铭老师的爱情观念便很有启示意义："爱情不是一个拼图碰到另一个拼图，而是一个圆碰到另一个圆。你是自足的人生，他也是自足的人生。你靠近他不是因为你需要他，只是因为他吸引你。如果是这样的两个圆走到一起，它不是嵌合，而是同心的扩展，扩充彼此的半径，成为一个更大的圆。"[①]

的确，爱情的最佳状态是自足的爱情，就是当你没有爱情的时候，你的生活不会受任何影响，你在夜晚时分也不会孤独——你有自己的爱好、兴趣、长处和价值支点，有自己足够"圆"的人生。所以一个人什么时候需要爱情？陈铭的回答是："当你的人生已经完全不需要爱情的时候，你就需要一段爱情；客观上你不需要爱了，主观上你就做好了迎接它的准备。"

由此可见，在追求理想爱情的过程中，我们应努力构建自我完

_____

① 《非正式会谈第 6.5 季》。

满的精神空间，成为一个更大的圆，而非仅仅为了迎合对方或满足自己的欲望而失去自我。当温柔之声逐渐沉寂，愿我们都能坚守初心，保持理性与清醒，敢于主动追求，也敢于面对并克服误区，成为更加完整、更加真实的自己。

# 学 者 简 评

　　从题目来看，这应该是一篇评述丁玲作品《莎菲女士的日记》中莎菲爱情观的文章，但通读全文，又发现作者的立足点是对当代女性爱情观的思考，提出：现代女性在爱情中应保持底线和原则；不要做乖顺的承受者，要敢于反叛抗争，要争取个人价值和自由；不要做沉默的失语者，要敢于接受和表达内心的情感需求；不要做被动的接受者，要敢于主动追求"灵肉和谐统一"的理想爱情；在当代社会，要警惕病态的浪漫，避免追求快餐式的爱情，而是要让灵魂先相遇，追求真正深刻和持久的爱情；等等。这些观点鲜明，切中要害，彰显了当代女性在爱情中的主体性。美中不足的是，论述"莎菲所展现的并非纯然的女性主义，而是一种带有病态浪漫的复杂形象"这一核心论点时，存在借鉴其他学者观点引证不够规范的问题。

——上海财经大学人文学院教授　姜云飞

《小径分岔的花园》是阿根廷作家和诗人豪尔赫·路易斯·博尔赫斯在 1941 年创作的短篇故事。小径分岔的花园是一个谜语，或者说寓言，而谜底正是时间。该短篇被收录在 1994 年全文发表于《虚构集》上的同名文集《小径分岔的花园》（1941）中。这篇文章也是博尔赫斯第一篇被安东尼·鲍彻翻译成英文的作品，其译文发表在 1948 年 8 月版的《埃勒里·奎因推理杂志》上。

有人认为该短篇预言了量子力学下的多世界诠释理论。而这篇文章又可能受到了哲学家和科幻小说作家奥拉夫·斯特普尔顿的影响，讲述了一桩罪行的准备工作和实施过程。

《树上的男爵》是卡尔维诺"我们的祖先"三部曲之一。"我们的祖先"三部曲包括《不存在的骑士》《分成两半的子爵》《树上的男爵》，这三个故事代表通向自由的三个阶段中人如何实现自我的不同经验：在《不存在的骑士》中争取生存，在《分成两半的子爵》中追求不受社会摧残的完整人生，在《树上的男爵》中有一条通向完整的道路——这是通过对个人的自我抉择矢志不移的努力而达到的非个人主义的完整。

《小径分岔的花园》，[阿根廷] 豪尔赫·路易斯·博尔赫斯著，王永年译，上海译文出版社，2015

《树上的男爵》，[意大利] 伊塔洛·卡尔维诺著，吴正仪译，译林出版社，2012

# 作 者 自 述

　　杨美仪，女，现就读于上海财经大学公共经济与管理学院公共管理专业（2022级本科生）。

　　阅读，本就是一件开卷有益的事情，不必拘泥于类型，也不必视此为负担，人生不过几十年，跟随自己的心，才不枉来此一场。人类的赞歌是勇敢的赞歌，人生的终途是勇敢铺就的坦途，我们不是生来就有一颗利刃般的心，不要为一时的退缩和懦弱苛求自己，利刃需要被打磨成锋。"我本人间逍遥客，任随天老自白头，依稀长安万里路，十年骑鹤上扬州"，中学时代创作的一首不成熟的诗，如今回头再看，希望它能激励你我：即便时光荏苒，在何时何地都要有从头来过的勇气。

# 生命中不可承受的轻与重

## ——浅谈博尔赫斯和卡尔维诺的迷宫叙事①

20 世纪的前半个世纪里，对于整个世界而言发生了两件大事，也可以称为一件，那就是似乎永无尽头的战争。和平的泡沫破碎了，人类大同只是一场蝴蝶梦，鲜血、仇恨、硝烟与背叛，近乎席卷了整个世界，有人为此逃离故土流落他乡，有人选择拿起武器加入厮杀的行列，有人选择在寓所里吞下毒药……第一次世界大战和第二次世界大战之间曾有短暂的间隙，可是看似安全的表象下却是动荡不安的人群和混乱冷漠的社会，很快，更加声势浩大的战争再一次如同活火山般爆发了。卡尔维诺和博尔赫斯就生活在这样一个动荡而迷茫的时代，战争停止之后是各种主义翻涌的浪潮以及新技术革命的冲击下越来越碎片式和原子化的个体处境，如何面对这样一个被战争打碎重塑的世界和身处其中茕茕孑立的人类个体，成为这两位作家一生孜孜思考和探寻的问题。而卡尔维诺也曾多次在自己的作品中谈及博尔赫斯对自己小说美学的影响，从其作品的迷宫结构、叙述主题和美学思想上，

---

① 第三届上海财经大学"阅读之星"获奖作品。

都能看到其对于博尔赫斯经验的继承与变异。

## 一、博尔赫斯和卡尔维诺迷宫叙事的相似之处

迷宫叙事是指在叙事结构、人物塑造和叙事话语上表现出来的高度复杂性。第一层迷宫通常是叙事结构迷宫，首先表现在层层镶嵌、不断切换的多层叙事结构；其次表现在结尾开放、情节并置、结构和主题不断重复的开放性叙事结构。第二层迷宫是人物塑造的迷宫，在传统的叙事文学中，人物的塑造占据着至关重要的地位，但是在迷宫叙事中，人物具有极强的开放性和不确定性，作者通常会运用空间变换、梦境暗示、外部叙事的手法暗示和模糊人物的性格以及命运。第三个迷宫是叙事话语的迷宫，即小说叙事话语的互文性和陌生化。根据作者的个人经验以及创新，迷宫的层级并不是固定不变的，语言风格也可以有着多种变化，比如博尔赫斯在创作过程中尤其喜爱加入时间、历史、复杂的名词典故等意象，将在迷宫中本就难以分辨的现实与幻想的界限再度抽象化，以及运用双重暗喻，将承载叙事的小说改造为一面映射人生无数种可能性与增值性且囊括无限宇宙的镜子。

### （一）迷宫主题

卡尔维诺曾说："我想起哪怕其诗学与博尔赫斯大相径庭的意大利作家也对他表示赞赏；想起为了达到在批评上定义他的世界而作的深入分析；尤其想起他对意大利文学创作、文学品味以至文学这一理念的影响：我们可以说，从我这一代开始，过去二十年来从事创作的人都深受他的润泽。"卡尔维诺在《美国讲稿》中也毫不

掩饰自己对博尔赫斯的热爱与赞美，由此可见，博尔赫斯对他创作理念的影响是深远而不可否认的。

二者在创作上极为相似的一点就是对迷宫主题的选择。在20世纪这样一个充满变革的忧伤时代，博尔赫斯和卡尔维诺都不约而同地选择了以心灵的秩序对抗世界的混乱和无序。而迷宫显然带有非线性、循环、矛盾、交叉、梦幻等特征，映射着现代人似乎无法逃脱的焦虑、迷茫、忧伤与困苦。①

博尔赫斯最喜欢使用的是"无限"这个概念，由此抽象到时间、空间、人生与分裂等多个主题上，在他最负盛名的时间迷宫《小径分岔的花园》中，各个时间的交叉与分岔形成了无数的可能②：余淮的被害妄想促使他不断地想办法甩脱理查德·马登的追捕，孩子们带领着他来到了汉学家艾伯特的住宅门口，哪怕得知汉学家是自己祖父彭熙留下谜底的揭晓者，余淮也不得不开枪杀死他。一切都是恰如其分的刚刚好，余淮的逃离与汉学家的相遇、祖父彭熙留下的关于"时间"的谜底，这一切是巧合的命定吗？命运之神在嘲弄着我们吗？时间真的可以如同空间一样无限地分叉，最后延展的线条织成蜘蛛网，嵌进宇宙的罗塞塔石碑中吗？阿尔贝说："我们并不存在于这种时间的大多数里：在某一些里，您存在，而我不存在；在另一些里，我存在，而您不存在；在再一些里，您我都存在。"在这之中，博尔赫斯以时间的交义与分岔构成了抽象的迷宫意象，表达了多种时间并存的观点，他本人也曾大胆地表

① 李明芮."轻逸"与"沉重"——卡尔维诺与博尔赫斯迷宫叙事之比较[J].宜宾学院学报，2020，20（1）：65-73.
② 李明芮."轻逸"与"沉重"——卡尔维诺与博尔赫斯迷宫叙事之比较[J].宜宾学院学报，2020，20（1）：65-73.

示："我否定一个唯一的时间的存在。"

而在空间上的无限，又如《通天塔图书馆》，书中是这样写的："边上的螺旋形楼梯上穷碧落，下通无底深渊。门厅里有一面镜子，忠实地复制表象。人们往往根据那面镜子推测图书馆并不是无限的（果真如此的话，虚幻的复制又有什么意义呢）。"在结尾，他这样写道："认为世界无限的人忘了书籍可能的数目是有限的。我不揣冒昧地为这个老问题提出一个答案：图书馆是无限的、周而复始的。假如一个永恒的旅人从任何方向穿过去，几世纪后他将发现同样的书籍会以同样的无序进行重复。"我们可以看到，博尔赫斯痴迷于自己的无限的迷宫，致力于向我们表现人类在面对无限宇宙时的极度无助状态，但在最后也为我们留存了挑战的希望。

卡尔维诺同样致力于建立一种诗学上的秩序以对抗世界的混乱①，比如分成两半、亦正亦邪的梅达尔多（《分成两半的子爵》），或者空有一身盔甲外壳却没有肉身的阿季卢尔福（《不存在的骑士》），抑或因儿时的倔强而一辈子生活在树上的柯西莫（《树上的男爵》）。我们都知道在现实生活中，这些人物形象都是不可能成立的，但是卡尔维诺将迷宫巧妙嵌入，使得这些人物形象能够以各自独有的神奇方式印证并实现着他们各自的精神动力与欲望诉求，并以这种方式完成一种对荒诞本身的超越，使这种超越性展现出了令人潸然泪下的"轻盈之美"。

## （二）深层宇宙观

这里的宇宙观，虽然探究其来源，离不开尼采、叔本华，再远

---

① 陈曲. 为了另一种小说——浅谈博尔赫斯对卡尔维诺小说观念的几点影响[J]. 当代文坛，2017（06）：33-36.

一点甚至可以追溯至古希腊时期以德谟克里特为代表的朴素唯物主义，但正如博尔赫斯和卡尔维诺都一再强调自己不是哲学家，这里的宇宙观也绝不是一种哲学，它更接近于小说本来就存在的功能——扩展存在或不存在的一切，不是为了固定，而是为了让一切思想流动起来，让万物重新发声，让人类的思想重新飞翔。

卡尔维诺曾深情坦露博尔赫斯对他的影响："我仅能根据我的回忆作答，尝试重构这一博尔赫斯经验开始到今天对我的意义。"我想这一经验，一定是将宇宙观囊括其中的。在卡尔维诺正式进入文坛创作之前，博尔赫斯就已声名鹊起，在意大利，博尔赫斯的作品更是有着累累盛名。

每一位小说家都拥有自己独一无二的宇宙观，正是这份观念赋予了小说最深层的现实与人文关怀的底色，如果说它的作用在传统的叙事小说之中还不明显，那么在文本呈现非线性、循环性以至于有卖弄知识之嫌的迷宫叙事中，这种宇宙观就显得尤为重要，因为它告诉我们，这些文章绝不是形而上学的空中楼阁，也不是作家卖弄才华的自负的无病呻吟，而是实实在在期待将自己的哲学渗透进小说之后，能为读者展现一个不被时间、欢乐和逆境触动的核心。

博尔赫斯在《环形废墟》之中将其深层宇宙观展现无余，故事讲述了在 个中央有石虎或石马的环形废墟—— 一座被火焚毁的火神庙宇里，一个幻影决定创造另一个幻影。其中，他提到了"火"作为小说世界的起源所拥有的极其特殊的象征地位，即只有幻影触碰到火时才不会消亡，"轮回"与"倒退追寻"的理念在其中反复被提及，但是除了对时间虚无和荒诞性的表达外，博尔赫斯更希望我们能领悟这样一个道理：在虚无和荒诞之间，唯有死亡为我们的生命注入了意义和尊严。这也是故事中的幻影坚持让另一个幻影相信"火"会使自己消亡的理由。

　　这只是博尔赫斯深层宇宙观的一个侧面，事实上，他认为世界是个谜，他说："我把世界看作是一个谜。而这个谜之所以美丽就在于它的不可解。但是我当然认为世界需要一个谜。我对世界始终感到诧异。"因此，他将自己对于生命的感悟往往都浓缩进了一个谜，一场梦，一本虚构的书中。① 受到唯心主义、佛教、诺斯替主义等诸多宗教和哲学体系的影响，博尔赫斯始终坚持以"精确构造"的理念去创作自己的迷宫，并谈论无限、无穷、时间、永恒或毋宁说时间的永恒存在或循环本质。

　　卡尔维诺受到其深层宇宙观的启发，提出了"晶体文学"。晶体是自然界的矿物，它拥有完整结构，精确的晶面，自我生成的特质。② 我们不难看出，"晶体文学"背后所隐含的对于博尔赫斯理念的继承。第一层，我们可以从晶体本身所拥有的精确晶面去诠释，博尔赫斯认为小说绝不是一种浪漫的偶然，卡尔维诺也深谙于此，他坚决认为文学是智性的建构，而不是灵感的乍现，因此"精确"在其中就显得尤为重要。或许是受到家庭深厚的自然科学氛围影响，卡尔维诺偏爱几何图形、对称、排列组合以及比例，在《看不见的城市》中，他以极短的篇幅创造了一座座想象中可能的城市形式，"精确构造"的理念渗透无遗。第二层，即是从保有自我生成的特质中，去探寻将这种特质无限放大的在与不在。博尔赫斯显然就是运用"无限"概念的佼佼者，而与他偏爱短篇小说与诗歌不

---

　　① 陈曲. 为了另一种小说——浅谈博尔赫斯对卡尔维诺小说观念的几点影响[J]. 当代文坛，2017（06）：33-36.

　　② 陈曲. 为了另一种小说——浅谈博尔赫斯对卡尔维诺小说观念的几点影响[J]. 当代文坛，2017（06）：33-36.

同，卡尔维诺更喜欢将"无限"概念运用在长篇小说中，例如他的
"祖先三部曲"：在《树上的男爵》中，他放大了诗意的逃离，将审
视与理性贯穿其中；在《不存在的骑士》中，他放大了精神与肉体
分离这一概念；在《分成两半的子爵》中，他则放大了人性本就分
裂对立又相互统一的特质。我们可以看到，相比博尔赫斯对于"循
环""时间""死亡"等意象的直接使用，卡尔维诺喜好更为具体
的概念。第三层，则是始终秉持着犹如晶体般剔透的赤子之心和人
文情怀，在混乱而无序的迷宫中坚守着对人生意义的探索和追寻。
博尔赫斯是一个矛盾的人，他是小说家，是诗人，是智者，也是盲
人，甚至是一名鸡兔稽查员，他因公开反对庇隆政府而在阿根廷学
界声名赫赫，却也因接受大独裁者的十字勋章终生无缘诺贝尔奖。
这样的矛盾贯穿了他的人生，也带入了他的作品中。然而，正是这
些循环反复的困惑，才让人生有了不断前行的动力，让创作的迷宫
有了更多的可能性。

## 二、迷宫叙事的存在意义

### （一）重新定义了小说的样式，为其注入了全新的生命力

约翰·巴思发表于20世纪60年代的《枯竭的文学》提出，小
说的所有可能性和可供开掘的资源已经被耗尽，完全"枯竭"
了。① 事实上，随着20世纪的到来，人们对于传统的叙事文学似乎
确实不再热衷，这与科技发展所带来的不可避免的个人的高度原子

————————

① 杨黎红，汝艳红. 论当代西方小说的百科全书化趋向［J］. 东岳论丛，2023，
44（3）：46-52.

化，以及信息爆炸所带来的多元化思潮、即时性效应是分不开的。

"小说死了吗?"这样一种悲观论调就是在这样的背景下提出的。叙事小说在信息不发达的传统社会里，还承担着向人们展露和剖析社会这一作用，但是当时间来到现代时，我们会发现个人的经验变得越来越私密，原本的叙事小说所呈现的一以贯之的宏大主题很难再适应我们的需求，"讲故事"的冲动是在逐渐没落的。在这样的背景下，以博尔赫斯和卡尔维诺为代表的迷宫叙事的出现无疑正在填补这一心灵的空缺。

博尔赫斯曾提出一部不朽的著作应该"是一幅世界地图"，"它的全部内容像宇宙一般深邃"。卡尔维诺在《美国讲稿》中也设想让小说成为一部百科全书，建立起一个"诸系统的系统"，将过去的与未来的，现实的与可能的，无穷无尽、各式各样的关系交织在一起，形成一张巨大的完备的"关系网"。

相比传统的叙事小说，在迷宫叙事中，主体人物往往是隐退的，篇幅也更为短，也就是说，它的中心不再是再现现实，而是表现内心，或是建构某种现实的可能性，因此，呈现世界甚至浩渺宇宙都能成为现实。在现代化的生产方式中，人被看似合理的"商品化""机械化"最后到达"异化"的终点①，因此，每个人的需求都被无限细分，个性化的体验造就了现代人个性化的情感需求，而"迷宫叙事"则从不致力于所谓"意义的灌输"，却经常以破碎和未完成来表达困惑和对意义的执着探索，即致广大而尽细微，并很好地将这种情绪与思索转移到了读者心中。

---

① 杨黎红，汝艳红.论当代西方小说的百科全书化趋向［J］.东岳论丛，2023，44（3）：46-52.

### （二）找到了通向完整自我的道路

博尔赫斯始终沉迷于为我们构建"宏大之重"的浩渺与梦幻之美，而卡尔维诺则始终坚持描写"重之轻逸"，换句话说，他更重视"轻"的价值，希望在一种节奏的陡然变化中预示出不同以往的内涵，如同"轻盈"蓄力良久，终于在最后时刻伺机而动，给予"沉重"致命的一击。①

但是，无论是轻逸还是沉重，我认为都没有高低之分，正如昆德拉在《不能承受的生命之轻》所描写的一样，轻和重不仅是小说主体的侧重，也是人生状态截然不同的选择。可无论是轻盈还是沉重，在文学的迷宫中，都能为我们带来思索的欲望和冲动，呼唤一种人类内心中最为诚恳与朴素的美好愿望，一种使人超脱于现实、摆脱苦难的精神力量。轻盈必须通过沉重获得支撑，而沉重也必须依赖轻盈才能获得超越，在轻与重之间，便是通往完整自我的无数条道路。

## 后记

最后，算是一些题外话吧，关注过余华、莫言这一代中国作家的人应该都知道 20 世纪末在中国文坛所掀起的博尔赫斯热潮，博尔赫斯是拉美作家，更是一个世界性的作家。

"小说原来可以这样写！"这句马尔克斯在巴黎阅读卡夫卡时所

---

① 王英男. 试论伊塔洛·卡尔维诺短篇作品中文学形象的"轻盈"美 [J]. 长春师范大学学报，2023，42（5）：123-126.

顿悟的话，彼时已成为接触到马尔克斯和其他拉美作家的作品的中国小说家们的共识，更是我在读到他们作品时的第一感受。在这之前，我一直相信小说、寓言、诗歌……都带有某种叙事性，哪怕到了卡夫卡时代，也没人能否认在荒诞的种种背后始终没有背弃中心思想，比如《变形记》中卡夫卡对异化的资本主义社会的唾弃与绝望。然而，博尔赫斯是不同的，他从未写过长篇小说，他的每一个短篇、每一节诗，都是一个与众不同的世界，哪怕你并不知道他想说什么，也不得不惊叹于其故事的精妙、作者的博学，一股未知的对世界的崇敬自心底升腾。

"据我所知，鲁迅和博尔赫斯是我们文学里思维清晰和思维敏捷的象征，前者犹如山脉隆出地表，后者则像是河流陷入了进去，这两个人都指出了思维的一目了然，同时也展示了思维存在的两个不同方式。一个是文学里令人战栗的白昼，另一个是文学里使人不安的夜晚；前者是战士，后者是梦想家。"这是余华在《文学或者音乐》中对于博尔赫斯最美的（我认为）评价。鲁迅先生对中国文学的意义无须多言，余华将一个拉美作家的文字挪到鲁迅身旁，无疑也是对博尔赫斯的肯定。

不过，这股热潮已经是 20 世纪的事，现今的中国文坛对拉美文学的关注早已不复当年盛景，因为在这三十多年中不断地有作者粗浅地模仿其遣词造句，甚至造成了审美疲劳。一位当时客居云南的著名小说家将云南可以书写的文学特质元素概括为三个词五个字：宗教、神秘、性。他以发表在《十月》上的《野店》来印证了自己的文学宣言——那正是充满了云南边地神秘宗教色彩和野性性爱内容的一部作品。除了内容上的仿写，修辞和词语的模仿也许更为直接。翻翻那时云南作家的许多作品，开头几乎都是"我爷爷娶我奶奶的时候……""多年以后……"或者"当面对行刑队的时候……"这样的句式。很多云南作家都学会了这样的技巧。聪明一点的作家或者会改写成这样："1870年6月的一个黄昏，太阳就像病了，苍白，缓慢，孤独，茫然，迟迟不肯落山……街道泥泞肮脏，人们艰难地游走其间，年轻人和老年人走路的姿势几乎一模一样……有人在训斥苍蝇：天都快黑了，还出来找死？"这是一部获得众多好评的云南作家的小说的开头段落，仔细一看，仍然是色彩鲜明的马尔克斯或者博尔赫斯式语言。于是，贾平凹、韩少功、王安忆、莫言、余华、马原等推崇并模仿这股文风的作家，无不归位于现实主义麾下，以主动的撤退或疏离的姿态宣告了对魔幻现实主义的"有意识地大踏步撤退"。

博尔赫斯的作品虽然并不局限于魔幻现实主义，但以当今的观点来看，恐怕也依旧有人会认为其有矫揉造作、卖弄学识之嫌，所以我期望通过这篇系统性分析迷宫文学的文章，让更多人能了解为什么20世纪80年代的文学热潮会聚焦于博尔赫斯？

这是一个做梦的代价比什么都要昂贵的时代，可是，有梦毕竟是好的。

# 学 者 简 评

　　文章以米兰·昆德拉名作《不能承受的生命之轻》为题眼检视两位几乎是同时代的文学大家博尔赫斯和卡尔维诺小说中迷宫叙事的相似性。如本文所述，两位分属不同国度的作家虽然擅长各异，心灵上却有契合之处，在艺术的高度上和品位上极为相似，卡尔维诺（意大利）将博尔赫斯（阿根廷）视为精神偶像。本文通过作品分析，在"偶像"和"追随者"的大量作品之间挖掘"迷宫叙事"的相似性并解决文学意义构建中的"轻重"之辨，这种提炼很有价值。两位作家的作品被赋予的标签太多，如幻想主义、神秘主义、魔幻主义、后现代主义等，总之，他们的作品"不太好读"。对于想深度了解两位作家作品的中国读者来说，本文提供了先验性阅读提示。

　　但本文应归类为阅读札记抑或专业学术论文，令人疑惑。原稿前面有摘要和关键词，本应遵循严谨的学术规范，但文中提及的作品，引用来源并不清晰，同时，"迷宫叙事的存在意义"部分也略显仓促，这些只是作为指导的参考意见。

——复旦大学出版社编审　王联合

《曹子建集》是三国时期曹植的文集，共十卷。其中卷一至卷四为赋，卷五为诗，卷六为乐府，卷七为颂、赞、铭，卷八为章、表、令，卷九为文、咏、序、书、诔、哀辞，卷十为论、说。据《四库全书提要》统计，共有赋四十四篇、诗七十四篇、杂文九十二篇。

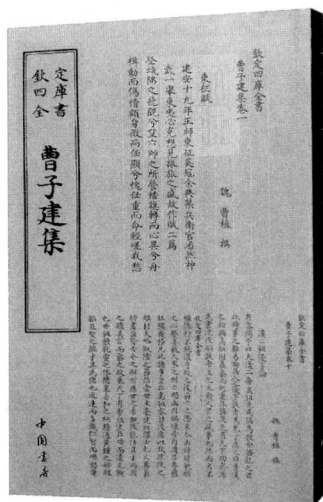

《曹子建集》，曹植撰，中国书店，2018

# 作 者 自 述

　　解唯珍，女，现就读于上海财经大学附属北郊高级中学。

　　自幼立志成为学问与品德兼备之人。在书的世界中，跨越历史的沙漠，寻找历史的火种。书页翻动间，世界展开，带着对知识的敬畏和热爱，用笔尖绘制出自己的宇宙。在学问的旅途上，以书籍为友，与文字共舞。每翻一页，都是对智慧的一次追求；每写一字，都是心灵的一次抒发。

　　坚守对知识的尊重与热爱，努力塑造自己成为时代的学子。愿怀着一颗积极向上的心，勇敢探索，与书共舞至无穷时光。

　　徐雯，女，现就读于上海财经大学附属北郊高级中学。

　　求学十余载，渐明人生方向，时时以"活着就像一场旅行，在旅途中不断发现生命的美好与奥秘"为人生格言，扎根于祖国大地，力争时刻心系人文关怀，尽己所能，做到最好。平日爱好读书，在课余时间以写作为兴趣，对此乐此不疲！"路漫漫其修远兮，吾将上下而求索。"在写作的道路上，我将坚持投入饱满的热情不断探索。在此过程中如能观照现实，用发展的目光看待世界，想必能更好地做到内心丰富，摆脱生活表面的相似！

　　张媛雪，女，现就读于上海财经大学附属北郊高级中学。

　　俗话说"读万卷书，行万里路"，人的一生是短暂且有限的，但我们可以通过读书的方式看见许多人不同的一生。经典作品，是社会中一个时代风貌的体现，更是作者对于人生的体悟。通过阅读经典，我们窥探历史的规律，品味中华文化的源远流长。在曼妙的文字中，打破时空的隔阂去与那千百年前的古人对话，寻得中华文化强大的根基，为其灿烂与辉煌而慨叹，更为身为中华儿女而自豪。

# 洛　　神[①]

　　黄初三年，31 岁的曹植被封为鄄城王。在洛阳作完报告后，他感到心累，朝堂上的勾心斗角、多日的来回奔波都使他疲惫不堪。于是伴随着马车的颠簸，他昏昏地睡了过去。

　　山林茂密，流水湍湍，阳光透过窗帘洒在眼睛上。突然间，他感觉有什么东西晃了一下，睁开眼睛，不由自主看向窗外，远远的山岩边上，似乎有什么东西在那儿。这荒郊野外的，难道会有人？他叫人停下车，自己则独自朝着那边走去。

　　此时，日已西下，生着芝草的阳林似是刚经历一场春日的嫩雨，空气湿漉漉的，树梢坠着几颗欲落的雨珠，叫人觉着轻松，几日的愁苦情绪好像都被冲去了。走着走着，曹植的眼前一阵恍惚，一抬头，却发现了一个令人眼花缭乱的奇妙的幻境：众神纷至杂沓，呼朋引类于这洛川之中，有的嬉戏于清澈的水流，有的飞翔于神异的小渚，有的在采集明珠，有的在俯拾翠鸟的羽毛……曹植惊呆了，他左顾右盼，面前的景色是这样的美，这样的惊为天人，以至于他这样四处张望着，也不能将其尽收眼底。

---

忽然，一个亮眼的身影吸引了他的注意力：一位淑美的女神翩翩然立于山岩之旁，她红唇鲜润，牙齿洁白，细长的眉下有一双明亮的眼睛；她体态适中，高矮合度，秀美的脖颈中露出白皙的皮肤；她的容光如秋日的菊花，她的体态如春风中的青松；那明丽而奇艳的罗衣上隐隐散发出幽兰的清香，头顶那缀着明珠的金银翡翠首饰显露出她的风骨体貌……此刻，时间停止了流动，他的周围安静了下来，只能感觉到自己心脏怦怦地跳动……忽然，仿佛心有灵犀般，她飘飘回身，水晶般的明眸与他相撞——

含情脉脉，却又带了一抹难以化解的愁绪。

"王爷！"他一惊，只觉一阵天旋地转。等他回过神来，面前的女神连带那奇异的幻境早已消失，只余留下荒郊野岭中光秃秃的山顶。他愣了愣，回头，慢慢地回头走去。

他有预感，他们还会再见面。他这样想着，那双令人为之动容的眼眸似是仍在他面前那般，挥之不去。

这夜，一番辗转反侧后，曹植终是放弃了入睡——自从被贬，他就很少能睡得一个安稳的觉了。他揉了揉干涩的眼，从榻上下来，轻轻地走到窗边，明镜般的月亮悬挂在天空，洒下一片片轻如流水的光……曹植想到了小时候，那时，他还是皇族中最尊贵的皇子，父亲最爱的儿子，大家口中天才般的神童；那时，父亲还常常在晚上陪着他坐在清风吹拂的庭院里，父子俩吟诗作对，整个院子中都充满了快活的气息……

是什么时候，变成现在这副样子的呢？

想到这，他站起身，拖着疲惫的身体走到不远处的桌前，拿来了前两天在集市上托人买来的浊酒——酒后易失言，他本不敢在这紧要关头大肆饮酒。可今日不同于以往，在这明亮到令人忧愁的月光之下，斟一杯烈酒，悲愤地一饮而下……

邺城的一日，一代枭雄曹操迎风站在铜雀台上，他用犀利的眼神看着台下满座的文武百官，嘴角边有一丝隐藏不住的微笑：今日是个盛大的日子，他号召了天下文人来歌颂他的时代。他快速地扫过全场，最终，目光落在了一位青年的身上，晦暗不明的神色从他的眼中流露出来。

不出一炷香的时间，在众人惊讶的目光中，青年放下笔，骄傲地站起身来。曹操赞许地看了他一眼，满意地点点头，在他的示意下，青年拿起那墨迹未干的竹简，清了清嗓子，大声朗读起来……

依稀记得，那篇文章的名字叫作《登台赋》。是的，那位青年是曹植，就是我……他的眼睛湿润了，那次是他第一次在公众面前崭露头角，多么风华正茂，意气风发……他一口酒灌下去……那时不过 19 岁，正是锦瑟年华，千人追，万人捧，可现在——曹植颤抖着拂过日益斑白的长发：明明只不过三十出头而已，就已经……心头一阵苦涩，身子僵硬地靠在墙边，酌酒的手胡乱地灌着……

隐约间，一个动人的身影飘然出现在面前，像是位女子……神魂颠倒的曹植晃了晃神经几乎被麻醉的脑袋，最近偶然间在下人们聊天时听到的关于"洛神"的传闻涌入了脑海之中。难道是她?!他猛地清醒过来，睁开眼，那张明丽的脸庞再次映入他的眼帘，那双含情脉脉的眼睛此刻充满了悲恸，又好像充满了怜悯。他多年闷于心中的情感终于在此刻无法克制地涌上心头，他流下泪来，接着就失声，立刻又变成长嚎，猛烈地抽搐着，像一匹深夜在旷野嗥叫的受伤的狼，惨伤里夹杂着悲伤与不甘。泪水早已模糊了他的双眼，只感受到夜晚的清风拂过他的脸颊，那是善良的女神用她温柔纤细的双手，陪伴着这位落魄的才子……

自此，每日夜里，曹植都会坐在窗边，等待着洛神无声到来。女神静静地坐在他的一边，使他回忆起过去的一点一滴……曹植想起来了，他彻底想起自己失败的原因了，美好不过是昙花一现，任性的皇子终究为他当年肆意妄为的举措付出了惨重的代价。但是，为什么，为什么已经想起了一切，心中却是如此不甘心呢……缓缓地，当他再一次对上那双美丽的双眼——这次不再是悲怆了，纯洁而明亮的目光注视着他，脑海中最后的一块拼图渐渐回归：梦想中，少年的自己骑马纵横驰骋，遇见不公就拔刀相助，为好友两肋插刀，为天下百姓争一个太平盛世……没错，这才是我真正想要的，我想成为一位有为之君，继承父亲的大业，结束这乱世；我想成为一位自由的侠客，疾恶如仇，快意江湖……那一夜，曹植做了一个梦：它变成了一只大鹏，飞临铜雀台上，看了一眼当年那个意气风发的少年，然后毅然振翅高飞，纵横四海，从此天高云淡……

那一夜过后，洛神再也未出现在他的面前，好像从未出现在这个世界上一般，消失了。谁也不知道那位善良的女神是否存在过，或许，一切只是一场梦，大梦初醒，心中那心爱的孩子般的理想也跟着这一切消散殆尽……

世间所有的事物都在变化，而有些东西却从未改变。他是个一辈子都长不大的孩子。

所以，究竟是什么在变呢？

恍惊起，梦醒何处心未知，只有一声长嗟……

太和六年，曹植于忧郁中病逝，时年 41 岁。

指导老师：沈尉钦

# 学 者 简 评

　　曹植（192—232），字子建，曹操三子，封为陈王，谥曰思，世称陈思王。曹植是三国时期著名诗人，才气纵横。谢灵运曾说："天下才共一石，曹子建独得八斗。"曹植有众多诗文传世，后人汇编为《曹子建集》，《洛神赋》是其中的名篇之一。

　　关于《洛神赋》的主旨，历来有较大争议。不过，曹植在赋中已自明"感宋玉对楚王神女之事，遂作斯赋"，即仍然发挥的是中国骚赋传统，以香草美人之情隐喻君臣大义。但文中也流露着曹植对世事沧桑，"花无重开日，人无再少年"的感叹。张媛雪、徐雯、解唯珍三位同学的这篇文章对此有所共情。"少年不识愁滋味，爱上层楼"，也许古今皆然。

　　这篇文章与其说是对《洛神赋》的读后感，不如说是对《洛神赋》的重写，与时下流行的穿越文笔法有相通之处。同时，这篇文章由三人共同创作完成，虽然前后存在视角转换，但整体行文无拼接痕迹，一气呵成，情与词皆细腻、婉转，实属难得。

——上海财经大学人文学院副教授　陈成吒

《我与地坛》是史铁生的经典散文集，首次发表于1991年1月的《上海文学》杂志。

当年《我与地坛》发表的时候，韩少功说，即使今年没有任何文学作品，只要有《我与地坛》，就是文学的丰收年。《我与地坛》是史铁生送给所有人的无价的礼物。史铁生以他的毅力和智慧，度过了四十年的轮椅生涯，写下了数百万字的作品，成为当代最有成就的作家。他的影响和贡献，远超于文学之上；他给予读者的，不仅是精美洁净的文字，更是健康的精神、深沉的爱和对人生真谛的探寻。他走了，但他的精神永远存在。《我与地坛》是史铁生在讲他自己的故事，我们可以从中重新认识史铁生，深刻理解史铁生。

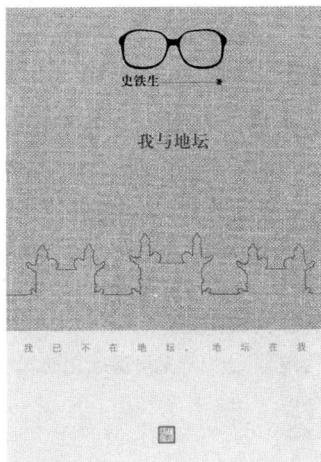

《我与地坛》，史铁生，人民文学出版社，2018

# 作者自述

　　杨佳钰，女，现就读于上海财经大学附属初级中学预备年级。

　　我的梦想是成为一名作家。我知道实现梦想从来都不是容易的，要打败很多很多迷茫、质疑、懒惰与软弱。追逐梦想就像在一个漆黑的屋子里奔跑，刚开始鼓足勇气奋力向前，但疲惫会拖慢我的脚步，无数诱惑会张开怀抱让我失去方向，这时梦想就像一道遥远的光，指引着我重新踏上了这逐梦之旅。我相信追光的人，终会光芒万丈。

# 读《我与地坛》有感①

    有这样一个人，他把死亡看成一个必然会降临的节日，以此来获得活着的勇气。他就是史铁生，一个自称"职业是生病，业余在写作"的作家。

    他曾经是那么有才华，年纪轻轻就以名列前茅的成绩考入清华附中。他热爱运动并且颇有天赋，乒乓球、羽毛球、排球、田径都是他的拿手绝活儿。可就是这样一个风华正茂的小伙子，却被命运戏弄，21岁那年双腿瘫痪。残疾后的史铁生天天摇着轮椅往地坛跑，他想逃避，逃避这现实的世界，逃避自己残疾的事实。地坛是古代皇帝祭祀大地的地方，大地是厚德载物的象征。地坛也无声地接纳着史铁生的怨言与倾诉。而这本《我与地坛》就是史铁生回忆15年来在地坛的思想与问询，他将对地坛无声的倾诉写成了美丽的文字。

    残疾后的史铁生已放弃了对生的希望，他曾多次尝试自杀都没成功。每天起床的第一件事就是在心中质问："自己为什么还没死，这样活着有什么意义？"他变得暴躁而易怒。在这无边的黑暗中，

---

① 第三届上海财经大学"阅读之星"获奖作品。

是母亲给了他一点光亮。母亲总是在他发怒时走到门外，小心地偷听着他的动静，等他平静下来再小心地走进来。史铁生有时会在地坛好几个小时不出来。母亲每次都偷偷来到地坛，眼睛不好的她端着眼镜四处寻找着儿子，见他好好的再小心地离开。史铁生看见母亲却不喊一声，他称这是"长大了的男孩子的倔强与羞涩"。他告诫所有长大的男孩子不要和母亲来这套，但他懂得太晚了。母亲在一个下午，被邻居们抬上了三轮车送去了医院，史铁生绝不会想到这竟是永别。后来他才知道，母亲常肝痛得睡不着，为了不让他担心，一句话都没抱怨过。在《我与地坛》中母亲"艰苦的命运""坚韧的意志与毫不张扬的爱"是最使我流泪的地方。

　　母亲去世后，史铁生开始反思自己面对厄运时的自私，整天整天往地坛跑。在他眼里，地坛就是一个"小社会"，里面充满了各式各样的人：令人羡慕的夫妻、落魄的酒鬼、失意的长跑家、弱智的漂亮少女……在这里的 15 年，史铁生一直在思考两个问题："要不要去死"以及"为什么活着"。15 年来日复一日的沉思让他明白了如何接受命运，如何消化命运的不公。我们无法左右命运，发生了就是发生了，不能一直沉浸在一小片阴霾中无法自拔，甚至结束自己的生命。快乐地度过一天与难过地度过一天没什么差别，不是吗？"死亡是一场必然会降临的节日，不论怎样耽搁都一定会来的"，既然如此，为何不多活一阵子呢，反正再坏也坏不到哪儿去了，活着博一博，没准会更好呢？这场长达 15 年的沉思洞穿了生命的本质，坦然、坚韧和勇敢源源不断地出现了。人在得意时，只顾往前走，去追逐前方的辉煌绚烂，是很难进行深刻的反思的；只有在遇到不幸时，才愿意放慢脚步，停下来好好想一想这等深奥的问题。只有经过这样的思考，才能让生命逐渐变得饱满，这又何尝不是另一种幸运呢？

　　罗曼·罗兰说："世界上只有一种英雄主义，那就是看清生活的真相后仍然热爱生活。"我们看到的照片中的史铁生，总是笑眯眯地面对着镜头，眼睛在黑框眼镜后映成一条缝，他应该早已不对他的双腿耿耿于怀，而是时刻珍惜着生命的每一天。如今那个扶轮问路的史铁生已经离开这个世界多年，但命运这条崎岖的山路上却仍然布满他的车辙，每一寸都试图告诉所有经历磨难仍坚强活着的人，我们并不孤单。

　　人们因为史铁生和他笔下关于地坛的文字慕名前往地坛，想寻找史铁生笔下的那份祥和的境界，往往是失望而归。那地坛中无数个春秋寒暑，一草一木，美好的人与事都属于史铁生，也只属于史铁生。每个人都应该寻找属于自己的"地坛"。在那里，我们可以思考、沉淀、积累自己的感悟，可以静静地抚平生活的创伤，让自己以全新的姿态面对以后的生活，让内心变得更加坚韧，不再脆弱。

　　废墟上可以开出花朵，黑暗中可以出现光明，寒冷中也可以燃起火苗，接踵而至的疾病都不能打败史铁生，那么我们生活中遇到的些许困苦又能算得了什么呢？

指导老师：陆金君

# 学 者 简 评

　　史铁生（1951—2010），中国当代作家、散文家。他的大半人生是在与病痛的斗争中度过，并借由文学创作获得了解脱与升华。《我与地坛》是他的重要作品。

　　杨佳钰同学结合史铁生的人生经历，书写了她阅读《我与地坛》时的感受。文章采用了知人论世的手法，因此能笔下生根，使全文言之有物。比如作者通过记述史铁生在母亲去世前后的心境变化，让他的心路历程跃然纸上，也使得作者所书写的阅读感受能被读者所共情。当然，作者读书所得也不止于此，正如她在文章中所言：每个身处逆境的人都有自己的"地坛"，废墟中也能绽放花朵。这也是对生命的本真领悟，读来文气沛然。

——上海财经大学人文学院副教授　陈成吒

《活着》是当代作家余华的代表作，讲述了一个人历尽世间沧桑和磨难的一生，亦将中国大半个世纪的社会变迁凝缩其间。《活着》还讲述了眼泪的宽广和丰富；讲述了绝望的不存在；讲述了人是为了活着本身而活着的，而不是为了活着之外的任何事物而活着。

　　《活着》自出版以来打动了无数读者，经过时间的沉淀，已成为20世纪中国文学当之无愧的经典之作。到今天，已被译介至英国、法国、德国、意大利、日本、韩国、俄罗斯等30多个国家和地区，获得国内外多个文学大奖，余华也凭借这部作品于2004年获得法兰西艺术和骑士文化勋章。

《活着》，余华，北京十月文艺出版社，2017

# 作者自述

王语辰，女，现就读于上海财经大学附属中学。

自步入校园生活已有十余载，在不断的学习中成长，收获颇丰。想要摆脱这些生活表面的相似，就必须内心丰富。我常在学习之余阅读书籍，通过写作和绘画畅所欲言。艺术与文学的美，充斥于生活的方方面面。求学之路漫漫亦灿灿，坚持自我，虚心求教，是内化于心的前进动力。我生性向往自由，当下读万卷书，未来行万里路。

段奕飞，男，现就读于上海财经大学附属中学。

在学校的生活已经超过十年，这十余年间逐渐探索到了学习的目的和人生的方向，文学犹如一盏明灯照亮着我的前进之路。在学习之余广泛阅读，陶冶情操，不只是为了与他人畅谈文学，更是为了开阔自己的视野，看见世界，看见历史。写作让我感觉到了充实，阅读时的书写，不论是高谈阔论还是随笔草稿，都像是在与作者谈话，对情节进行讨论，让我不断思考，加深理解，怎么不算是一种乐趣呢？

# 未知一生当著几量屐

## ——《活着》读后感[①]

"人是为活着本身而活着的，而不是为了活着之外的任何事物所活着。"

一本书名《活着》的书，全文讲述的却是死别。

这书与其说是写"活着"，不如说是写在时代发展的泥泞中不同人的死去。余华在序言中提到，其深陷于解决自我与现实的紧张关系中反复挣扎。因为真正的现实，是令人费解和难以相处的。我大抵逐渐明白，"活着"所带来的人生价值属于自己的感受而非他人的判断。

《活着》这本书发表三十余年，依然广为流传，在各大平台上销量、评分都很高。一个描述过去悲惨的故事，一部处处透露着生活、社会无情的小说，缘何火爆？因为它带给了不同时代的人不同的悲伤情感，相同的生活力量。

福贵的人生前半段正如他的名字一样，有福有贵；家珍作为米行的小姐被捧在手心，像是珍珠一般；春生的生活也是春风吹又

① 第三届上海财经大学"悦读达人"获奖作品。

生，在被抓去当兵之后又成为县长。他们的名字看似是当时最普遍的、最大众化的名字，实则与自己的生活相对应，后来命运转折，再对应着名字和角色的过去，只让人感到悲伤与讽刺。让我们也不禁思量起自己的名字。

在作品中，我们看到福贵这个人自私、追求享受，但他能迅速地接受发生的一切，识时务，活在当下。活着的真相是什么，是一切的因缘际会加上自己的解读。令我印象最深的是，福贵面对时代的磨难、生活的苦难，并没有选择堕落，而是努力地活着。

福贵身边的人大多是正面的，即使出现黑暗，其结果也为罪有应得。他的父母，并没有因为福贵输光家产而对他大打出手，而是自嘲："当年我父母留下了一窝鸡，到我手里只剩下一只鸡，到你了是一只也没有了。"他们对生活的积极态度在潜移默化之中影响着福贵，这也使得福贵即便不再是曾经逍遥自在的少爷，成为背负家庭生计的万千农民之一时，也没有放弃生命，而是继续活着。

而我们呢，生活的困难打倒了一批又一批的年轻人，"啃老"的、"宅"的越来越多，人们开始放弃福贵那般为了生存而做的斗争，与社会、与生活的抗争，而是选择了阿Q式的逃避。掩耳盗铃，麻痹着自己，不愿面对生活中哪怕不大的困难。但是，读读《活着》，看看中国千百年来的困难和悲剧，还是觉得今天能活着真好！也许，大家可以在阅读中支棱起来，开始面对困难，利用这些精神来支撑着自己更好地活在当下。

如果说福贵的一生是关于生命的悲歌，家珍、凤霞的一生就是打了一辈子的哑语；有庆、苦根只是迷迷糊糊地来到了这个世界上看了一眼；有长根、二喜、春生，他们的一生只是随波逐流被时代所裹挟，然后逝去。

　　悲剧的时代，没人可以做到明哲保身，与其逃避，不如正确面对。福贵的名字很常见，可以说是中国人对于后辈的、对于未来的所有期望，这证明福贵不仅仅是书中的福贵，更是漫长岁月中国人的缩影。无力感与忍受充斥着整本书。空虚，无力反抗地活着，这不是作者为了悲剧而悲剧，而是时代的映射。福贵又是特殊的，他没有随着时代愚昧地"死"去，而是用乐观的心态面对了悲剧性的过去，知足常乐，回忆痛苦与美好交织的过去。

　　在当下，越来越多的年轻人把"摆烂""想死"等消极的词汇挂在嘴边，这样的现象在一定程度上反映出现代年轻人面对困难的心态越发不济。那时的人们光是为了活着就不得不使出全部努力，而我们为了追求更好地活着却不能承受活着的压力。

　　不可否认生活是残酷的，存在本身就是一种残酷。余华笔下的福贵在苦难过后并不会忘记疼痛，而是对看起来不堪的过去抱有一种异样的珍视。他很坚韧，却又不是麻木，当了半辈子的少爷、半辈子的败家子，从富到穷，福贵并没有懊悔，从社会的天翻地覆到人生的阴差阳错，他总有一种兴致勃勃。福贵的这种面对过去与朦胧未来的乐观态度是我们现在所没有的。太多人拘泥、纠结于过去，担忧未知的未来，在随波逐流中渐渐遗忘掉了自己，未知的恐惧与面对困难的不堪一击，是我们时代的最大弊病。

　　当下，人们虽然脱离了那个时代的饥饿和痛苦的离别，但内心反而更不充实，甚至在悲哀和焦虑中对生活持有无望的态度。但在读了《活着》后，我相信当代人面对悲剧的时候，可以有面对苦难的勇气。人生不是波澜不惊的，活着也是，如果遇到风浪，希望可以想到福贵，可以想到他面对悲剧的乐观态度，挺过去。

　　"有时候，人生的结果看似并不圆满，但曾经的那些人，那些回忆提醒我们，过程才是更重要的部分。"不同的时代，活着有不同的色彩，或耀眼，或灰暗。不同的选择，不同的遭遇，遇到不同的人，活出不一样的人生。

阮遥集吹火蜡屐而叹：未知一生当著几量屐？对于福贵而言，一生仍得一牛伴，足矣，活着便好。

指导教师：李莉佳

# 学 者 简 评

　　余华的《活着》是新历史主义小说的代表作品。福贵的一生饱含着中国现代史的丰富内涵。余华通过福贵的苦难，从个体层面重述历史。其中既有现实主义对现实生活的忠实，又带有现代主义的历史隐喻性。中学生能够读完这部作品，并根据自己的理解成文就是一次很好的实践。对于中学生来说，阅读经典名著不一定要求理解其全部内容，只要有所感触，能够把这种感触写出来就完成了阅读经典的任务。本文的两位作者从这一点来说，显然完成了应该完成的任务。文章结构完整，语言流畅。

——上海财经大学人文学院老师　徐仲佳

《朝话》是梁漱溟先生在山东进行乡村建设运动时期，每日朝会上与研究部同学们的部分谈话辑录。本书非系统的学术讲演，而只是对同学之日常生活有所昭示启发，或自同学提出之问题，予以当下指点。或谈论人生修养，或讲述治学方法，或议论社会、学术文化等问题，莫不本于梁老个人感悟，出自切身体认；语重心长，亲切隽永，足以发人深省。对于被浮躁的社会裹挟着前进的我们来说，这本讲求身心修养的书意义尤为重要。

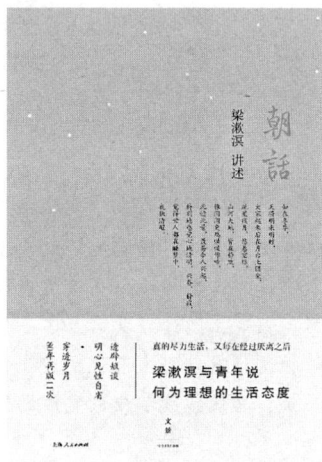

《朝话》，梁漱溟，上海人民出版社，2017

# 作 者 自 述

　　本人从事民营企业运营管理工作已有多年，其间积累了丰富的实践经验，并逐渐形成了自己对企业管理的独特见解。同时，我也是一位热爱哲学阅读和思考的女性，对优秀中华传统文化怀有深厚的兴趣和敬意。

　　我深有感触的是，在全球学术领域和组织运营管理领域中，西方管理学占据了显赫的地位，拥有绝对的话语权。当我学习传统文化后，发现西方管理学的许多核心理念和方法，在中华传统文化中可以找到共通之处，甚至还曾是发达国家企业治理哲学的源头。中华传统文化蕴含了丰富的管理智慧和哲学思想，这些智慧和思想在当今的商业环境中仍然具有重要的现实意义。并且这些传统文化的智慧对中国企业的发展尤为适用，更加适合我们的"体质"。

　　以梁漱溟先生的名言为例："我始终不是学问中人，也不是事功中人。我想了许久，我是什么人？我大概是问题中人！"这句话深深触动了我，鼓励我在工作和生活中不断追问和探索问题的本质，而不是单纯追求形式和功利。这种思考方式不仅激发了我学习读书思考的兴趣，而且让我在民营企业的管理实践中更注重挖掘和运用传统文化中的智慧，并运用在我们的企业治理中。

　　为了将这种理念分享并付诸实践。本人于2018年6月1日创办了行知读书会，旨在通过组织各类读书活动，推广和分享中华优秀传统文化的精髓。行知读书会不仅是我个人对传统文化的热爱和探索，也是我们上海财经大学山东校友会的读书兴趣小组。在过去的几年里，我们成功举办了约200场次的读书活动，包括讲座、讨论会、书籍分享会、企业研学等。这些活动不仅丰富了参与者的文化视野，而且促进了大家对传统文化的深入理解和对哲学思考的提升。

　　通过这些努力，我希望能够推动更多人认识到中华传统文化在现代管理中的价值，探索中西文化的交融与创新，为中国企业的发展提供更为坚实的理论支持和实践指导。

# 《朝话》读后感①

　　读书很轻松吗？改变自己到底难不难？怎样才能增长智慧呢？

　　我们在读书学习中常见的"懈怠""散漫"两种情绪，对增长智慧是不利的。我们的身体本能地告诉我们：追剧、刷视频、打游戏很快乐。读书，则需要沉浸其中并产生思考，才能真正地增长智慧与见识，大部分人若希望得到读书的快乐，则需要训练自己。

　　阳明先生说："日间工夫觉纷扰，则静坐。觉懒看书，则且看书。是亦因病而药。"如果白天学习觉得思想纷乱，那么就去静坐。如果觉得懒惰不想看书，那就打起精神去看书。这"纷扰""懒看"是病，"静坐""看书"则是药，乃是先生对症下药之法。大部分没有经过读书训练的人，心思容易散乱，心猿意马，杂念纷飞，头脑中会产生许多的念头，绵绵不绝，而这些念头，经细细推敲，不过是声色货利的私欲，所以我们需要通过静坐的方式来收摄心神，达到止息杂念的境界。

　　梁漱溟先生，在读书、改变自己和如何提升智慧方面，为我们提供了宝贵的经验。他不仅是大学问家，还有"中国脊梁""中国

---

① 第三届上海财经大学"悦读达人"获奖作品。

最后一位大儒"之美誉，其"独立思考、表里如一"的风骨更值
得人尊敬和学习。他在《朝话》中，便以现代白话文浓缩和提炼了
我国优秀传统文化的精髓，引导青年人如何调理生活、工作和学
习。梁漱溟说，"人多半都有种种私欲私意，要这个，要那个，思
想杂乱，心里不纯净，常觉生活不安""佛家有发菩提心之说，不
仅是大慈大悲的心，还是富有智慧的心，这种发心是超过一切，对
众生机械的生命，能有深厚的了解原谅与悲悯""儒家也是要求一
个不机械的生命，要一个活泼的生命""但是儒家不讲菩提心，儒
家讲立志，这是比较刚正的态度。这两者的相通之处在于，终极都
是一个自由的、活泼的、有大力量的生命。"

　　梁漱溟在文中提及："惟有愿力才有大勇气，才有真精神，才
有真事业。"我们怎么才能拥有这种大愿力呢？梁漱溟给出了一个
他亲历的修行体验："痛痒恻隐之情发露。"正如孟子所言："恻隐
之心，仁之端也。"意识到"仁"的开端是有恻隐的心、同情的心。

　　那么我们发愿也是这样的一种体验，一种心流，缓缓流淌在心
间，从心底，生发出勇气与决心，这种愿力无不牵动身体的每处神
经，向外散发，同时给外在也传递出无比坚定的信念，这被称为
"有力量"，我觉得，这种愿力的体验才是真切的，真情真愿的。读
书恰恰需要这种力量。

　　生发愿力，最紧要的事情就是"如何对付自己"，我们通常认
为我们与这个物质的世界是矛盾和冲突的，但随着人生阅历与智慧
的增长，我们意识到无论是内心还是外在，都是矛盾与统一的辩证
关系。梁漱溟先生给了我们修习的方法，"在清静无人时，自己反
省，鉴察过去，把从前不对的地方，深自忏悔掉泪，抛开过去。自
己的问题，自己最清楚，自己的问题，必须自己知道解决。下一刻

永远比上一刻要有新的自己"。苟日新，日日新，又日新。如果能够一天新，就应保持天天新，新了还要更新。勤于省身和动态的角度，及时反省和不断革新自身的过程。

始终保持忏悔的力量，源于我们的自觉力，西方文化中常常向外用力，中国古人则向内观，要对自己有办法。培养自己清明自觉的力量，也就是中国人所谓的"学养"。

# 学 者 简 评

　　梁漱溟先生作为新儒家代表，尊阳明孔孟子，其思想糅合了佛教哲学和西方柏格森的"生命哲学"。《朝话》即是梁漱溟先生七十多年前的部分谈话辑录，或论人生修养，或讲治学方法，对于被浮躁的物欲社会裹挟前行的当代青年来说，阅读本书对于完成自我修炼、自我进步意义极大。本文选此书作为阅读书目，体现了中华传统文化在当代青年中的魅力。作者剖析层层递进，由阅读及至思考，关键词顺次由恻隐、愿力自然过渡到自省与忏悔，从而实现了本文作者阅读《朝话》一书的主旨意义：阅读提升智慧。当然，本文依旧有较大的提升空间，比如标题，可从文本中选核心要义词替代，让读者一目了然；阅读感受的阐发要尽量克服同义语反复，可结合现实困境，提升个体思考深度，如此，一篇普通读后感方有"动人之处"。

——复旦大学出版社编审　王联合

2120年，人类社会进入"长命纪元"，"延生药"的成功研发实现了人类长生不老的古老愿望。这次科技飞跃带来的重要转折，究竟会让人类跨入更高程度的文明，还是最终走向灭亡？

这是一部具有科幻色彩的寓言式小说，作者描绘了2120年开始进入"长命纪元"的人类社会远景。这一年，"永生委员会"开始推行"延生药"，大部分国家进入"长生区"，生活在这些国家的人类理论上寿命可以达到10 000岁，这便是"永生"。当然，也存在小部分不愿意进入"长生区"的国家，他们停留在"生死区"，这里的人类遵循古老的自然规则，同时也与"长生区"走向截然不同的道路……

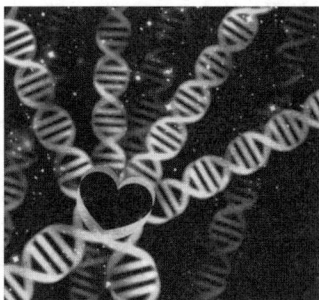

《永生之后》，梁建章著，浙江文艺出版社，2020

这部小说的看点不仅是对人类永生的想象，更是对生命伦理议题的思辨。"长生不死"这个人类自古以来的幻想，一旦实现将带来灾难还是另一个高度的文明？"长生区"与"生死区"两种生命观的角力与碰撞，将故事推向高潮。

# 作 者 自 述

　　李星航，男，广东顺德人，2023届上海财经大学金融学院毕业生。

　　千禧年独生子，且自幼寄宿，闲来无事便读书。年稍长，又沉迷于将书中内容反复倒腾，弹成絮，切成丁，然后制些"狗皮膏药"。就读书习作一事，私以为本人有三大恶习：一为好故弄玄虚、不讲章法，如明明写书评，却非要硬扯些没有逻辑的"读前观感"，所谓"构思"常令人大跌眼镜。二为出尔反尔、言而无信，如我大一曾谈"只读纸质书，反对电子书"，然而自从拿到Kindle一物，迅速上瘾，便对纸质书再也不理，真是自打自脸；三为不思进取、好逸恶劳，如曾莫名其妙地说作者或任何一个写字者的目的仅在于"提出问题而不是解决问题"，这句暴论粗鲁地推己及人，直接将任务量砍到了原有的半数以下，看书也是晒网更比打鱼积极。落得如此落魄田地，本人常打趣无可奈何，但实为自作自受——戒之慎勿忘！

# 悬浮于菜市场上空的宇宙
# 飞船确实存在着①

清晨，菜市场，我走近一家蔬果摊子。

脚底下黑乎乎的水洼，躲在阴影里窥探的雨水算子，又老又皱的圆土豆，嫩生生的草菇撑起小伞，翠绿的大白菜闪着白光，不知劳累的电风扇，驱不散的苍蝇扑腾着翅膀四处乱窜——如同危险四伏的热带雨林。

蔬果摊老板对我说："怎么样，答案想好了吗？人类会因为什么东西而走向灭亡呢？"

"电视，综艺，买买买，乱糟糟的东西，波兹曼的娱乐至死！"还没等我说话，买菜大妈抢答，并用臂膀从我与摊子间撑开空间，"小伙子借下道。老板，来斤胡萝卜！"

"不对！"对面摊位的卖鱼大汉加入闲聊，"人类的相互残杀才是。"

"可不是嘛，即使没有战争，病毒、毒品、宗教，也一个劲儿地把人类往坟里推。"卖鱼小伙子承父业，手起刀落，鲈鱼身首

① 2022 年"SUFE 领读者"征文赛事一等奖获奖作品。

两处。

"饱的撑死，懒的懒死，无聊的无聊死。物质生活的高度充裕并不能完全解决人类的生存危机。"清洁工人用水枪往地上喷水。

"机器人入侵，赛博格对人类的侵蚀，赛博朋克即末日。"染着异色头发的青年兴致高昂地走来，"更俗一点，外星人入侵也是一种可能。黑暗森林法则之类的。"

排气扇轰隆隆地注视着一切。

蔬果摊老板再次对我发问："奥威尔在《1984》里提到独裁、镣铐、老大哥，赫胥黎《美丽新世界》中的淫乐、安逸、'解忧丸'——这是两种截然不同的反乌托邦观点，他们都认为人类或人性毁灭的因素内生于社会本身——那，你觉得呢？"

我想了很久，才说："我毕竟是技术乐观主义者，比较同意赫胥黎的观点，死于安乐。失去了竞争、繁衍、创造、发展、悲伤与奋发，人将非人。"

抬头看，一大团软蓬蓬的云在蓝天中舒展。

……

假想菜市场里无厘头的一番对话固然奇怪，各色人等引经据典各抒己见则更是怪异。写小说就是那么"怪"，第一次创作虚构小说的梁建章大概也那么觉得：作为携程创始"四君子"之一、人口研究学者的他，兼具硅谷企业家的技术实用思维与书塾学院派的人文气质。2010 年，完成人口经济学的博士研究后，他就"强烈地感受到'人口问题'会成为中华民族未来面临的头等危机"；10 年间，他主要就自己推崇的人口难题做演讲、打辩论、发论文，此外，他屡屡建言减轻家庭负担、鼓励更多生育……无论如何，2020年，他的《永生之后》出版了。

2120 年，人类社会进入"长命纪元"，延生药的成功研发实现了人类长生不老的愿望。人类社会通过民主投票划分为两种架构：人人杜绝生育、服用延生药的"长生区"，以及与之相反但人均年龄只有 100 岁的"生死区"。逐渐地，"长生区"的人们沉湎于永生的绝对安逸和平淡中，他们不会参与运动、驾驶、科研探索等存在万分之一危险性的项目以防止意外身故，他们放弃了人与人的竞争，沉没于游戏娱乐和元宇宙中；一份简单的文件甚至要在数百岁"高龄"的委员手上审核 5 年才能通过；他们骄傲于青春永驻，却发现社会停滞不前。相反，"生死区"的家庭和社会日新月异，人们的生活热火朝天、与时间赛跑，但人们却不能逃避百年。《永生之后》的故事便从与两区都有交集的一对男女开始讲起。

作为一部描写人类未来的科幻寓言小说，本书有两层含义。

一是催生。生育乃地球发展之大计，未来世界和当代中国（影射）同样需要更多的父母孩子。

二是仰望苍穹，飞向未知。安逸带来灭亡，人类文明和生命的意义在于不断进取和探索。

对于催生，我还没到那个阶段，自然没有太多发言权。但是，对于进取和探索，我倒是有些感触……

每当年轻的狂妄和不懈的探索成为社会主流话语，人们就会感觉振奋。在当下这个时代，王阳明的"参破生死，尽性知命"还能被人刻在桌面当座右铭，村上春树告诉我他"至死都是 18 岁"，汪峰对台下的爷们儿嘶吼"找个理由随波逐流/或是勇敢前行/挣脱牢笼"。于是，人们振臂高呼、摇旗敲鼓，就是要冲破窒碍、推陈出新，于是无数的创造发明新主意便从地平线上蹿起。

可是，真的是这样吗？

现实的苦与甜一并铺开，从时代最大的舞台，到生活末节处最小的一粒泪水。曾几何时，抬头不见朝阳，远处不来飞马捷报，低头却见满地平凡。

以两个当世著名的科幻作家为例：尼尔·斯蒂芬森（Neal Stephenson）是"元宇宙"（Metaverse）一词的发明人，他曾在名作《雪崩》中构建未来的赛博虚拟世界；刘慈欣凭《三体》中对宇宙的幻想打遍全球文坛。这两个不约而同创作揣想文学（Speculative Fictions）的作家分属两派——元宇宙派和飞船派，代表对人类未来文明的两种构想。斯蒂芬森的发表极为规律，21世纪前，每4年都会有他的一部大作出炉，但2001年的"911事件"令对人类未来充满遐想的他不得已打破了"4年一作"的节奏，开始重新思考人类当代社会和政治经济。而信奉技术至上和实用主义的刘慈欣曾说，他写科幻小说"是为了逃离平淡的生活，用想象力去接触那些神奇宇宙"，但当未来像盛夏大雨，科技逐渐变成现实，他却发现人们对现代文明的沉溺和未来发展的驱动力"无法共存"：社会蓬勃发展的"黄金时代"一去不返，人类在日常中陷入停滞，娱乐代替了前进，21世纪以来尚无人登月——当然，机器人能帮助人类进行危险工作亦能体现进步性，不过，恰如曾登月的奥尔德林所言"你们承诺火星殖民，我却得到了（Facebook）。"（You promised Me Mars Colonies. Instead, I got Facebook.）

我们的创新能力到底在哪里呢？我们的创新能力究竟有多少呢？在当今的存量社会，我们是否深陷"内卷"的困局？我们是否已经彻底沉湎于为人打工的思维而放弃了开疆拓土的野心？科幻作家之外，实业者们也有各自的担忧：时不待人，死于安乐。对全人类如是，对国家和企业亦是如此。我们拥有越来越多华美的宣传册、花哨的 PPT、夸张的说辞，但脱去一切包装，我们又做了什么呢？是人模狗样的做作吗？伊丽莎白·霍尔姆斯（Elizabeth Holmes）点头认可，被全美认为是 The Next Jobs 的她用所谓的"新一代血液检测设备"翻云覆雨，一度成为创新潮头的风云人物。但当所有秘密被揭开，曾经最富有创新精神的她竟然是个东拼西凑、毫无才干的骗子。看到这儿，怀疑论者会说：当现代人成为资本的附庸，资本总能找到诡计来欺骗人。

埃隆·马斯克（Elon Musk）在实业界的成绩有目共睹。被问及脑机接口技术，他曾直言：留给我们研究的时间不多了。他急切的心情令人不解，这像是某种杞人忧天。但如今文明爬坡和推进的难度已远高于往日；近年来，病毒、战争、欺骗和犯罪等因素的滋生，似乎又再次对现代人的傲慢敲响了警钟。

潮起潮落，我们做了什么？我们剩下什么？我们又在追求什么呢？这是我在阅读《永生之后》后提的问题。不少作家都曾提及他们的"目的在于提出问题而不是解决问题"。这句话粗鲁地把他们的任务量砍到了一半以下——毕竟要往 21 世纪文明圈子的外围踏出哪怕半毫米都已经困难无比。但这并不意味着提问无用，既然提出了好问题，好答案也是可以期待的了。社会是由千万个我们组成的，我们的歌就是社会的歌，在一连串的批判和悲伤过后，乐观依旧是我的底色，这是我作为一个飞船派的倔强。

萨特（Sartre）曾说："对于永恒，我是多余的。"是为存在主义。人的生存本来就是一幕有限时长的黑色幽默，这或许令人失望，但当把时间线拉长，飞船派会兴高采烈地告诉你：生生不息你和我，明天会更好！的确，否认了明天，就是否认了全部！

回到我周围的生活，或许真正令人失望的并非我们抵达明天之前所遇到的技术壁垒，而是某种画地为牢的想法。未来，我或许能成为刘慈欣那样的作家，或许能成为马斯克那样的实业家，或许能成为伊丽莎白·霍尔姆斯那样的骗子，或许什么都不是……但当下，我是一个大学生，为着一些想法或现象困顿已久：从什么时候起，在我身上，那种自为的意识不翼而飞，内卷代替了学习，"走独木桥"代替了成长，生搬硬套和服从代替了思考和创造？

这与《永生之后》中"长生区"人们所面临的窘况有相似之处，也是刘慈欣所担忧的：社会逐渐坍缩成赛博朋克式的狭小，"元宇宙"将成为人类文明无意义的内卷。资源的供给以几何倍数增长，对资源的需求却以指数级飞驰，这导致生存代替了生活，我们活得越来越单一、内向。

在近乎惨烈的恶性循环中，我们也能看到前人的功绩：由于大量经验的积累，不少现代工作已日益模板化、规格化；由于制度的完善，从婴儿床到坟墓的绝大部分都被社会安排得明明白白。越来越大的企业，越来越小的公园，越来越恢宏的世界，越来越拥挤的地铁，以及越来越卑微的个体，我们能把它们说成社会发展的不良因子吗？不见得。但它们的确压抑着我们的自为。

回忆曾写下的某段文字：我，21 岁，黄金年代，远非一无所有，也远非应有尽有。我接触到的事越来越多，主修课、选修课、商赛、投资、实习、保研、考研、留学、就业甚至创业。往周围一看，周围的人全然把头按得老低，包括我在内，各走各的，有意识或无意识、有目的或无目的地走着。虽然低头并不一定代表服从或屈就，但似乎，我们离原来的我们已经渐行渐远，那种"漫步人生路"的才气和傲气越来越少了……看到意识逐渐褪为黑白色的一片人潮，我的心里还是有不少怵惧。

　　但我又想，这或许又与《永生之后》"催生"的主题相悖：在移民火星之前，我们要去哪里找到喂饱新生儿们的饭菜呢？又是一个难题。但是，人能在疑惑中度日，却千万不能在悲哀中消沉。疑惑能等来答案，但悲哀不能。

　　于是，我再次走进菜市场——最平凡而真实的社会：脚底下黑乎乎的水洼，躲在阴影里窥探的雨水箅子，又老又皱的圆土豆，嫩生生的草菇撑起小伞，翠绿的大白菜闪着白光，不知劳累的电风扇，驱不散的苍蝇扑腾着翅膀四处乱窜——在如此危险四伏的"热带雨林"中，每一件事物、每一个人都真切地存在着。

　　有人问我问题。我想了很久，才说："我毕竟是坚定的飞船派，对未来充满信心而不是盲目看好，对现实满怀批判但从未绝望。我发自内心地意识到我应该去主动思考些什么、创造些什么，而不是坐等赛博朋克、1984 或美丽新世界的入侵。"

　　抬头看，一大团软蓬蓬的云在蓝天中舒展。云絮或纵或横地飞舞着，编织成圆滚滚的一块形状，仔细看，恰如一艘飘浮在菜市场上空的宇宙飞船。

# 学 者 简 评

　　未来已来，现在不在，仿佛就是当今世界的样貌。本文作者同时立身于这两种时空当中，本着技术乐观主义的笔触，为我们展现了一段精彩的关乎人类未来命运的科幻叙事。

　　在文中，永生本身不是问题，而是永生所带来的未来人类社会（如果还有"社会"的话）所引发的当下人类视域下的焦虑与困顿，其本质正是当前人类文明进步与社会发展所产生的思想困惑。作者置身于现实生活（文中的菜市场），将古今中外一众思想精英邀请于自己的未来空间（文中的宇宙飞船），与奥威尔、赫胥黎、村上春树、刘慈欣、梁建章、尼尔·斯蒂芬森、埃隆·马斯克、王阳明、萨特等人进行了超载时空的思想交流与对话，进而思考自己当下的人生状态，确定自己的人生方向。正是作者在写作中突出问题意识，才使得这段科幻叙事并非漫无边际、虚幻失真。

　　本文在充分反映作者思辨能力的同时，也反映出作者日常阅读的广泛性、文本选择的经典性。这正是青年阅读所应该达到的标准。

——上海财经大学人文学院副教授　张谦

《苏东坡传》是林语堂所著的传记作品，原用英文写成，于1947年首次出版。《苏东坡传》共4卷28章。第1卷写苏东坡的童年和青年时代，第2卷写他的壮年时期，第3卷写他的成熟阶段，第4卷写他被迫害后的流放生涯。该书对苏东坡的才能及政治生活、文学生活等做了生动的描述和评价，讲述了苏东坡是一个秉性难改的乐天派，是悲天悯人的道德家，是散文作家，是新派的画家，是伟大的书法家，是酿酒的实验者，是工程师，是假道学的反对派，是瑜伽术的修炼者，是佛教徒，是士大夫，是皇帝的秘书，是饮酒成性者，是心肠慈悲的法官，是政治上的坚持己见者，是月下的漫步者，是诗人，是生性诙谐爱开玩笑的人。

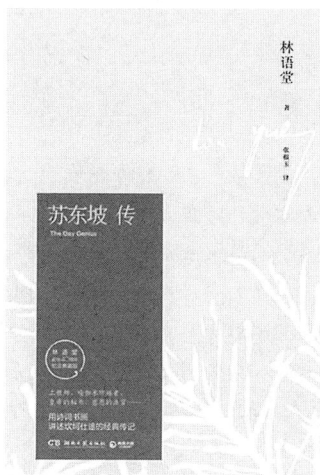

《苏东坡传》，林语堂著，湖南文艺出版社，2018

# 作 者 自 述

    吴林芳，女，上海财经大学 2021 级应用概率专业硕士研究生。

    阅读能帮助我们勤于思考、发现趣味，更能让我这样许久没有提笔的理科生重拾写作的乐趣。写作比起阅读枯燥许多，也更劳神费力，但如果能凭写作精确描摹内心世界，使万物不拘于时间和空间而得以在文字中不朽，则能获得无限畅快。希望自己今后能坚持阅读、坚持写作，创造出更好的作品。

# 扁舟一叶任烟雨，明月清风自悠然①

烟波浩渺的江面上，清风徐来，水波不兴。一叶扁舟行于月下，穿于雾中。舟上一人与友饮酒作诗，倚箫而和，只觉人如天上坐，乐由水中来。问君何处去？盖任其漂流，随意所致……

宋仁宗景祐三年，四川眉山的一户苏姓人家中，一个婴儿呱呱坠地。这个襁褓中的婴孩马上要经历跌宕起伏而又传奇的人生，整个苏家乃至眉山都将因其闻名遐迩。他的名字唤作苏轼，世称苏东坡，一个集才华和温敦秉性于一身，以其诗文书画之精妙和人格之伟大为后世所传颂的文学大家。

世人知苏东坡，知其文章名扬天下，却鲜有人知与其名文佳作如影随形的是他那坎坷的仕途，而贯穿于坎坷仕途始终的又是他那与生俱来的浩然之气。

## 少年狂，牵黄擎苍，千骑卷平冈

苏家是个小康之家，藏书颇多。苏父禀赋颖异，才气纵横；苏

---

① 2023年"SUFE 领读者"征文赛事一等奖获奖作品。

母通情达理，教子有方；苏轼与弟弟苏辙兄友弟恭，手足情深。这样的家庭氛围，正适于培养富有文学禀赋的孩童。苏东坡年仅十岁就能写出奇的诗句，二十岁高中进士，几乎名列榜首，应试之文在同辈中传阅数日，彼时即作为全国第一流之学者闻名于天下。年少得志，金榜题名，这般意气风发不论在哪个时代都是青年才俊之人生夙愿。

进京恭候朝廷任命时，需走水路出三峡。三峡素以风光之壮美为人称道，更以旅途之惊险受人敬畏。一叶扁舟在连串的漩涡和激流中急转飞跃，行经极险之处时，船身被击打、被抛掷，死神近在咫尺。偶经缓流之地，方得片刻欣赏自然的鬼斧神工。苏东坡就像这只小舟，此去要踏上宦途，亦须在激流中勇进，在跌宕中自适。

生命长河，时或波涛汹涌，时或波澜不惊。每个人都是河面上的一只小舟，行将驶往各自的彼岸。并非人人都会行经三峡，但人人都要经历自己的峡谷。途中的洪流激湍、怪石漩涡，皆非人力所能控制。若陷于其中，唯有自救。心之开阔可攻道之狭窄，鸟鸣猿啼亦有可取之处。这诸多峡谷一笔连之，恰恰构成每个人独特的生命轨迹。

为官的前十多年，苏东坡虽偶因直爽率真、不屑圆融而遭碰壁，日子倒也算舒适。于民，他尽到了父母官的职责，不论官居何位，均为民请命，兴建工程；于己，他游历山川，写诗作词，习射围猎，与军民亲同家人。彼时的他还有"西北望，射天狼"的豪情壮志。

## 竹杖芒鞋轻胜马，一蓑烟雨任平生

但官场的生存之道终究不适合秉性天真淳朴的苏东坡，政治上的勾心斗角与利害谋算一次又一次将这位坚持己见者推上风口浪尖，四十年政治生涯遭受一次逮捕、两度迫害、多次贬谪。令人折服的是，这位乐天派就算在狱中也能鼻息如雷，在谪居地依旧能挖掘快乐，怡然自得。

当庸妄之辈手握大权、独断专行，宋室宫阙还未被金人铁蹄变为焦瓦废墟，黎民百姓就已因新政的恶果处于水深火热之中。身为百姓的挚友，苏东坡如何能不义愤填膺？他创作诗词反映黎民疾苦，上书谏言批判腐败新政，却遭有心之人曲解陷害，无辜入狱。"乌台诗案"差点儿让他丢了性命，而他人生中最失意的三个时期当属被贬黄州、惠州和儋州，这三地却又是其平生功业归结之处。

比起居高位而受羁绊，苏东坡显然更爱自由的隐士生活。在黄州，做一位田园诗人，时而竹杖芒鞋而出，在山林中吟啸徐行，时而泛舟赤壁之下，与明月清风为伍；在惠州，做一位酿酒师，品尝并酿造仙露桂酒，在复醉又醒间看"岭南万户皆春色"；在儋州，做一位乡间农夫，到田野采药，于月下漫步，在茶余饭饱后尽享"快意雄风海上来"。谁能想这般悠然闲适的状态竟出自一个日子过得捉襟见肘的被贬之人，而这个人曾官至翰林学士，荣耀之至，其间的落差令人唏嘘，其处世态度又实在令人钦佩。

趁着这位大文豪陶醉于隐逸生活之际，我们把目光转向现实生活中，来审视一下自身。当我们在生命长河里漂行时，经过风光旖旎的河岸后，在险象环生的峡谷面前还能否有豁达的心态？是否有勇气面对沿途风景的落差？能否顺应自然，激流勇进？苏东坡年少得志，又沦为阶下囚，曾官居高位，又几经贬谪，和他起起落落、从云端跌至泥潭的际遇相比，大多数人的一生可以称得上安稳和幸运了。这位一生坎坷的大文豪既能在人生的每一个惊险峡谷中欣赏沿途的风景且乐在其中，我们又何须因小小浪花黯然神伤、踌躇不前呢？

"小舟从此逝，江海寄余生。"无论漂至何处，苏东坡总能设法适应处境，用心感受沿岸的清风与温柔的月光。无论风雨多大，只要内心安定豁达，一蓑一笠足以挡之。

## 人生如梦，一尊还酹江月

"人生如逆旅，我亦是行人。"用一般世俗的眼光看，苏东坡的一生何其坎坷，丧妻之痛，乌台诗案，屡遭贬谪，晚年仍流放异乡。每当他在一处适应、安居，就会接到旨意被调往另外一处，一生辗转异乡。但若从苏子自身的角度看，他应当认为自己过得快乐无比。无论身处何方，光风霁月，"此心安处是吾乡"。

林语堂在《苏东坡传》中写道："人生缘何不快乐，只因未读苏东坡。"和传主一样，林老先生也深谙快乐之道，他写《苏东坡传》并没有什么特别理由，只是以此为乐而已。以富有生机的笔触令富有生机的人物跃然纸上，乐，不过此者也。苏东坡之坎坷际遇，读来令人慨叹，而苏东坡之豁达精神，读来令人钦佩。而今，你我有幸生于国泰民安的承平岁月，无宦海浮沉、漂泊不定之忧，却时常困于平常琐事，生活中稍有变数便心情浮躁、思绪混乱，甚至夜不能寐。究其根本，不过在于一个"心"字。心若宽阔，海纳百川。如苏子所言，人之于世，不过"寄蜉蝣于天地，渺沧海之一粟"，再大的烦忧，置之于天地间，也不过是沧海一粟而已。苏东坡之乐正是来自他包容一切的心态，宽以待人待己，故而能容得下宦海浮沉，容得下漂浮不定。

读苏东坡，读其留下的诗文瑰宝，我们不仅得以从"十年生死两茫茫，不思量，自难忘"中感知他的执着情深，得以从"但愿人长久，千里共婵娟"中感知他的温柔细腻，更得以从"人生如梦，一尊还酹江月"中感知他的浩然之气。我们爱苏东坡脍炙人口的诗词歌赋，更爱他伟大的精神世界。扁舟一叶任烟雨，明月清风自悠然。以苏子为范，做有容之人，让生命之舟在广阔无垠的海面上一往无前。

末了，世人有困于心者忽梦苏子复泛舟江上，乃问其行往何处，苏子曰："自是往极乐之地也！"世人惑之："何谓极乐耶？"复曰："惟江上之清风，与山间之明月耳！"

# 学 者 简 评

　　读名人写的名人传记，不仅能让读者体悟主人公的心路历程，还能感受到传记作家的文化底蕴。作为学贯中西的文化学者，林语堂先生创作的《苏东坡传》，立足时代刻画人物，通过人物反映时代，是我们深刻理解中国古代人物与时代的关系的绝佳范本。《苏东坡传》堪称传记作品中的经典文本。

　　本文所思所想发自肺腑，情真意切，稚嫩的文笔充分展示出林语堂先生所指出的那种苏东坡留给后世来者的"心灵的喜悦"与"思想的快乐"。

　　作者聚焦于苏东坡的浩然之气，将其诗文才气立足于人生沉浮之上，着力彰显苏东坡的高贵精神境界，并将安定豁达、乐观向上的精神品质作为青年人应对挫折、奋勇向前的动力。在"内卷""躺平""摆烂"心态弥漫的当下，作者能够勤于阅读，立志抒发，必是认真务实、努力向前的优秀学子。

——上海财经大学人文学院副教授　张谦

本书是阿兰·巴迪欧几篇文章的合集，其中《哲学与政治之间谜一般的关系》是他于 2010 年在巴黎举行的"阿兰·巴迪欧日"期间所作的报告；另两篇文章《士兵的形象》和《政治：一种非表达性的辩证法》则展示了一些补充性的、关于今天的政治赌注的概观；还有一篇附录，是他于 2007 年在美国接受的采访，其中谈论了当代政治与否定的危机。

如何澄清哲学与政治之间的奇异关系？将它们联系起来的谜一般的纽结使我们返回民主制在哲学领域的地位。哲学在原则上是一种民主的活动，它是一种向每个人——特别是在"有逻辑的反抗"以及一切反抗面前都不退却的青年——做出的致辞。然而，哲学在其诸多目标和目的方面却不是民主的，这无疑是因为，真理这一哲学所关注的事物在政治领域中被称为正义。

《哲学与政治之间谜一般的关系》，［法］阿兰·巴迪欧著，李佩纹译，中央编译出版社，2017

# 作 者 自 述

    陈新芳，女，现就读于上海财经大学人文学院伦理学专业（2021 级博士研究生）。

    求学之路曲折艰辛，幸有好书、亲友相伴。时刻以"无冥冥之志者，无昭昭之明；无惛惛之事者，无赫赫之功"勉励自我，力求做一个努力追寻真善美的研究者。平日钟爱阅读，希望能写出好文章。道阻且长，愿我们都能在经典里汲取力量，在对话中看到他者，风乎舞雩，咏而归。

# 从数字化政治走向普遍民主，重读《哲学与政治之间谜一般的关系》[①]

## 一、哲学之为求真之学

政治与哲学的关系早在古希腊有大量的讨论，在柏拉图那里，哲学是追求真理之学，这种实在论的观点要求以一种明晰的方式对真理与意见进行区分。在此基础上，政治生活紧跟其后，它的目标是在把握了某一绝对理念之后将"真"铺陈在现实的城邦中。巴迪欧继承了这种观点，认为理解政治与哲学关系的关键在于把握真理与意见的区分，但比柏拉图更进一步，巴迪欧的真理观并非立足于一种简单的观念论框架。

秉持着哲学是求真之学，巴迪欧反对文化多元主义与相对主义。巴迪欧认为21世纪那些宣称哲学已死的反哲学家最多只能算作智术家，他们消解了哲学的真理范畴，放大了意见领域。在巴迪欧这里，宣称哲学已死或形而上学凋零的论断面临两种困难。第一，一切"哲学已死的"的宣言都具有过于形式化的特点。巴迪欧

---

① 2023年"SUFE 领读者"二等奖获奖作品。

认为无论是黑格尔、马克思还是尼采和分析哲学家们，他们所宣称的"哲学已死"往往类似于某种修辞用法，目的是引出自己的新哲学，这种新哲学总是追求某种"同一性"，无论是理论领域还是实践领域，都以系统性的知识为目标。这样，伴随着旧哲学的死去，新哲学诞生了，哲学终结的主题不断在历史中重复却从未中断。从这个角度来讲，哲学本身因为这些重复处于一种根本的静止状态。第二，哲学是一种拒绝盲目服从既定意见的活动，它总是对规范性提出新的划分，这种划分能够推动新价值超越既往的旧规范。从这个角度来讲，哲学是一种改造主体和个人介入的活动，即人们可以用讨论与理性的批判来取代模仿与顺从，甚至在遇到原则性问题时，以反抗取代顺从。①

总的来说，巴迪欧认为哲学实践同一性同时具有两个特点：一是哲学行为总是想要进行足够清晰的界定，二是哲学行为总是具有一个规范性维度。清晰的界定能够在真理与谬误、智慧与疯狂之间进行判定；而规范性总是表现在概念与经验层面上的新划分，这会产生新等级，结果就是旧秩序在理智上被推翻，新价值获得独立地位。但巴迪欧认为这种新等级的出现实际上是由于实践中新事物的产生，哲学的真理性只是换了某种形态，而不改其本质上的同一性。

这样的哲学实践活动为什么能够不断重复？从阿尔都塞那里吸取养料，巴迪欧认为历史语境的不断变化，带来哲学上价值规范的不断创新。巴迪欧承认，哲学的行为在形式上是同一的，不同的是

---

① ［法］阿兰·巴迪欧. 哲学与政治之间谜一般的关系［M］. 李佩纹，译. 北京：中央编译出版社，2017：7.

历史语境的变化，因此哲学未来的发展主要取决于某些非哲学领域出现的新事物，尤其取决于一些属于科学领域的事实。正如黑格尔所言，"密涅瓦的猫头鹰只在黄昏起飞"，哲学总是在非哲学的新生事物之后才到来。在巴迪欧那里，我们尤其应该关注四个领域：科学、政治、艺术和爱。只要科学、政治、艺术与爱蓬勃发展，哲学的未来就永远不可能终结。而就哲学与政治的关系来看，哲学往往是将现实情景中的政治实践作为思考的条件，并在这些情境中分辨和澄清什么才是合法性的手段。

　　更为重要的是，在巴迪欧那里，人是一种始终追求超越性与可能性的存在，这种存在在真正的活动中总是展现不朽的真理，宣称哲学已死的论调否认了人性中创造性的维度，使人委身于绝望与虚无主义之中。巴迪欧认为："人性不是像自然的总体那样存在的，因为人性等同于它在战胜其内在的非人性要素的过程中那个获得的局部胜利的累加。"① 从这个角度来讲，无论是科技叙事的大流行，还是生物遗传学科的大力发展，都无法对人性本身做出完整规定，因为它们所采取的人性研究方式是站在自然界限内将人还原成动物性，并在试图将人性规定为一种凝固的基因数据之后，对这组数据进行全方位的管理。而作为人，我们依然需要创造某种表征性的形象使人领悟我们的本质性存在，巴迪欧将其称为英雄的形象，这种形象承担着人性中超越动物性的可能。以士兵形象为例，在巴迪欧那里，英雄的形象具有三个特征：首先其所面向的对象并非某个阶级或某种地位，对每个人来说这一形象都具有榜样力量；其次，英

<hr>

　　① ［法］阿兰·巴迪欧. 哲学与政治之间谜一般的关系［M］. 李佩纹，译. 北京：中央编译出版社，2017：26.

雄的形象表明人是能够在看似不可能的境况中创造出新的可能性；最后，英雄的形象表明当人们为一种真正的观念行动时，存在不朽和永恒的真理。这样，有关哲学已死的论断在巴迪欧的人性观中并不成立，人是具有一种超越性的生物，这种超越不仅仅是对道德价值的追求，更有一种高于道德价值的价值。哲学不在于使人意志沉沦，而在于寻求新的形象，这种形象代表着真理。

要寻求到真，对真理与意见有确切的分辨，需要一套真理程序。巴迪欧否认那种将意识形态作为依仗的真，庸常的知识体系、整齐划一的"元一"建构在巴迪欧那里是一种被称为意见的东西，并非真理。他也否认那种看似将所有意见都纳入政治程序中的协商政治，这种大杂烩式的政治路径看似是为了达成"共识"，却将真正带有真理内涵的原则摒弃，实质是对各种意见的妥协。从古典哲学出发，巴迪欧认为苏格拉底的辩证法能够充当真理与意见的裁判，采用辩证法的提问方式能够让青年人拒绝盲从于既定意见，用讨论与理性的批判来取代顺从，用真理和理性审视日常生活中的一切，当涉及原则问题时，用真理的逻辑与其抗争。①

巴迪欧认为在这套真理程序中，辩证法既确保每一个理智上平等的主体参与真理事件的权利，又确保在探讨的过程中有着严格的推论限制。更为重要的是，巴迪欧认为这种把握真理的方法并非属于少数哲人的权利，而是所有人都具备的潜能；即任何人只要目睹了真实事件并站立在这个基础之上，都有可能成为言说真理事件的

---

① ［法］阿兰·巴迪欧. 哲学与政治之间谜一般的关系［M］. 李佩纹，译. 北京：中央编译出版社，2017：20.

主体，由此便可以将真理带入政治生活。①

## 二、哲学——作为一种观念介入政治

既然巴迪欧认为哲学的使命是对真理的追求，是在不断变化的现实条件之中围绕特定主题的创造性重复，而政治的要义常被认为是对民主的追求，那么哲学与寻求民主的政治之间是否存在矛盾？作为苏格拉底辩证法的拥趸，巴迪欧承认哲学是一种民主活动，它鼓励所有人进行自由的思想和理智的讨论，但是另一方面巴迪欧又说："哲学家一般都不承认人们一致称赞的议会制国家和言论自由所具有的好处。"② 毕竟，哲学若探讨某种价值真理，往往意味着这种真理是所有理性存在者都应该遵循的义务，而一种义务往往代表着强调自由的民主进行限制。这样看起来，哲学和民主以及政治之间似乎存在巨大的张力。巴迪欧认为，解决这种看似矛盾的问题，根本之处在于厘清"民主"概念与哲学中的"真理"概念是否存在真正的对立。

巴迪欧认为民主通常代表着两种含义：其一，民主是国家形式的名称，如代议制民主国家；其二，民主也可以代表一种民众活动，让民众更为积极地出现在政治领域。③ 这样看来，第一种含义之下的民主只是一个空洞的概念，只有在第二种意蕴之下的民主，

① ［法］阿兰·巴迪欧. 哲学与政治之间谜一般的关系［M］. 李佩纹，译. 北京：中央编译出版社，2017：21.
② ［法］阿兰·巴迪欧. 哲学与政治之间谜一般的关系［M］. 李佩纹，译. 北京：中央编译出版社，2017：15.
③ ［法］阿兰·巴迪欧. 哲学与政治之间谜一般的关系［M］. 李佩纹，译. 北京：中央编译出版社，2017：22.

作为一种寻求政治真理的手段存在的民主，才是一种实质性的民主，它的最终目的是实现普遍平等。正是基于此，巴迪欧将民主也作为哲学的条件，他认为在哲学那里民主同样具有两种含义：第一种含义是一种形式条件，哲学的民主在这里指的是一切陈述的有效性均服从自由论证的程序；第二种含义指的是为了追求解放的民主活动。①

在巴迪欧这里，哲学与政治都是对真理与意见的区分，真正的政治哲学是蕴含真理的政治，是符合真理程序的政治。真理是受某种秩序限制的，作为当下政治核心的民主是追求实质平等的民主，其所呼求的自由是否有界限？这一自由的标准在哪里？巴迪欧认为，首先需要明确的是：真理的统一性与普遍性的特质要求反对言论自由，这有两方面的原因：一是因为言论自由往往意味着意见自由，但在哲学家那里，真理虽然鼓励平等参与，但真理与多元意见相对；二是在于哲学探讨服从严格的推论规则，这种规则服从普遍性，言论自由并无此类限制。据此，巴迪欧认为把民主定义为代表个体自由是有问题的，因为这必将走向文化多元主义。而政治真理需要满足两个原则：

（1）与"精神"平等哲学原则相容；

（2）与"意见真理从属于真理的普遍性"这个哲学原则相容。②

巴迪欧将以上两个原则融合，认为作为平等与普遍性的正义，

---

① ［法］阿兰·巴迪欧. 哲学与政治之间谜一般的关系［M］. 李佩纹，译. 北京：中央编译出版社，2017：22－23.
② ［法］阿兰·巴迪欧. 哲学与政治之间谜一般的关系［M］. 李佩纹，译. 北京：中央编译出版社，2017：18.

无论是在哲学领域还是在政治领域都是真理性的存在，这种正义观取消了一切权力和地位的担保，将平等置于个体自由之上，将原则的普遍性置于特殊利益之上。这与西方的自由主义形成巨大的对比，后者如代表人物之一的诺奇克认为自由是至高原则，还有写出《正义论》的罗尔斯，尽管他预设了一种完全屏蔽个人背景的无知之幕，并采用"囚徒困境"这一数学运算推演出程序正义的合法性，但究其根本，罗尔斯的平等自由主义正义观也是将自由放在第一位，平等在罗尔斯那里更像是某种人道主义关怀。

巴迪欧认为这种哲学中的民主应当体现在实践下的政治活动中，即一方面现实生活中可以有一个这样的场所，在这里存在一种任何人都可以自由辩论的程式；同时这种辩论的目的是不断解放人类，让每个人都拥有哲学家的思考方式。这样，哲学、民主与政治就实现了统一，政治独立性为哲学式民主提供了场所。

然而，巴迪欧认为当下西方的政治已经变为表达性的辩证法，只有真正拥有话语权者才具有相应的政治权利，但这些政治表达又常以专名的名义忽视那些边缘化和无法声张的部分。人民群众的真正政治诉求被区分为可被表达的政治诉求和不合理的诉求，权力机关只会选择性地接受那些所谓"合理"的政治诉求，形成人民代表，而对其他声音避之不见。这种划分实际上已经对"人民"的声音进行了消杀，是一种阉割的政治。

这种表达性的政治与以往爆发性的革命所具有的一个共同点在于，以往那些经典的革命需要一些契机。之所以说契机，是因为引起革命的事情貌似在一开始往往带有私人性质，但其实质却反映出一般性的根本矛盾，即具有个别中蕴含一般性的特征。同样，在表达性的辩证法下，革命政党、组织也自认为代表着工人阶级，伟大领袖的名字成为群众运动总体性的象征性表达，并最终沦为国家权力的表达。但巴迪欧认为："一种真正的政治是直接展现，而不是被再现的政治。"① 真正的政治显露在人民群众本身之上，群众并非一个凝固的概念，而是不断在政治活动中分解与结合，最直接的表现是群众运动，这种群众运动绝非那种破坏性、对抗性的或军事化的传统活动，而是一种智性或辩论式的宣言。它并非此时此地一时的，而是以变化的样态呈现，在真实的政治生活中不断分解与重新组合，且无法用一个统一的逻辑和知识框架来架构它。②

但在追求秩序整齐的政治幕僚那里，这种不断孕育的群众运动，以及一切异质性的事务也应被还原为某种通用规则里面的某个参数点，现实中的"多"被构建成了大写的"一"，这种通用规则即法则，就是把集体中的某些部分接受下来，承认其为真的实存之物。他说："所谓法则归根到底总是一个关于实存的决定。"③ 这样，法则的问题实际上是一个语言与实存的问题，在法则中只有符合一种明晰的描述的东西才存在，但法则并不承认集体中所存在的另一部分，即未被规定、隐匿在其中的存在。巴迪欧认为这些不被承认的事物乃是欲望，它与法则之间形成巨大的对比，法则寻求的是整齐划一，而欲望则是对于纯粹个别性的肯定。但同时法则与欲望之间的关系并非不可调和，需要警惕的是那种宣称正常欲望的专制法则，这种法则仅仅承认某种单一的政治构造，并强加给所有

---

① ［法］阿兰·巴迪欧. 哲学与政治之间谜一般的关系［M］. 李佩纹，译. 北京：中央编译出版社，2017，导读：11.

② ［法］阿兰·巴迪欧. 哲学与政治之间谜一般的关系［M］. 李佩纹，译. 北京：中央编译出版社，2017，导读：12.

③ ［法］阿兰·巴迪欧. 哲学与政治之间谜一般的关系［M］. 李佩纹，译. 北京：中央编译出版社，2017，42.

人，这往往带来可怕的战争和混乱的无序状态。欲望还可以是对法则的不断补充，它不断肯定没有名称的实存事物，是在法则之外寻求某种不被承认但又是类性的事物。这种观念认为政治的普遍性总是一种关于社会现实的新的构想、新的组合的发展。①

借助集合论，巴迪欧认为实存与确定名称的关系，在数学中的集合论中得以形式化的呈现。拥有一个确定的名称，意味着这是一个"可构造的子集"，而如果一个集合是另一个集合的子集，那这个集合就是"可构造的集合"。这与大法则殊途同归，大法则就是诸多法则的法则，即"可构造性公理"。大法则认为所有的法则都是可构造的，即集体中的所有杂多都可以被归类。

但是巴迪欧指出了这样一个事实，实际上没有任何数学家承认可构造性公理，数学家的欲望在于如何找到一种在分类中没有位置的数学对象。例如，科恩就为非可构造性的集合起了一个名字——"类性的"集合。从这个意义上来说，在马克思那里，他把"类性的人"定义为在解放运动中的人类，他的学说同样是在非可构造性方面寻找，站在类性这一边，而非特殊性那边。

从本体论的角度分析，繁多与异质的人，正如山川鸟兽本就以存在者的面貌显现，将其纳入"元一"的宏大叙事和治理模式之后，这样的人转变为人口，转变为众人，转变为一种平均状态。充满特质性的生命于是被还原为统计学的数字，而这些计数规则之上的最高权力在"程序正义"的架构中越俎代庖地凌驾在所有生命之上。因此巴迪欧认为，政治变革真正追求的目标是法则与欲望的融

---

① ［法］阿兰·巴迪欧. 哲学与政治之间谜一般的关系［M］. 李佩纹，译. 北京：中央编译出版社，2017：48.

合，最终是为了达到对人性本身创造性的肯定，让万物是其所是、各归其位。

## 三、被听见的辩证法——作为一种真理程序的政治变革

巴迪欧认同阿尔都塞关于哲学与政治的看法："哲学就是一种在理论战场上展开的政治斗争。"① 然而当今世界并不缺乏意识形态，正相反，多元价值让人迷惘又无处安放。巴迪欧认为我们缺乏的实质上是一种伟大的虚构与可能性，这种虚构实质上是一种最终的政治信仰，因为没有虚构，就没有信仰。一种伟大的虚构代表着超越性和类性的真理，因为真理本身就是处在一种虚构结构之中。所以问题就在于有勇气去寻找并选择一种类性的虚构。在巴迪欧那里，这个类性的虚构是共产主义。

巴迪欧认为无论是多元文化主义的协商民主，还是秉持差异化碎片生活的后现代主义，他们的一个共同点是不再相信共产主义会作为一个可能的世界在世界上实现。② 他们认为代议制民主是政治的唯一方案，但这种政治哲学是一种绝对可建构框架下的有限政治哲学，这种框架下所有"向死而生"的存在者都被规定为一系列计数程序下被赋值和被编码的存在物。在这个技术规则体系下，一些存在物不被整体承认，他将这种存在但不被超越结构所再现的存在物称为"赤裸生命"。基于此，巴迪欧反对如今的协商民主和程序

---

① ［法］阿兰·巴迪欧. 哲学与政治之间谜一般的关系 ［M］. 李佩纹，译. 北京：中央编译出版社，2017：8.

② ［法］阿兰·巴迪欧. 哲学与政治之间谜一般的关系 ［M］. 李佩纹，译. 北京：中央编译出版社，2017：导读：25.

正义，认为协商民主之下由共同意见达成的共识取消了实质正义的合法性。巴迪欧认为，今天在新自由主义代议制民主下面，一种被伪装为多元文化主义的"政治哲学"在本质上成为各种意见的协商和商谈，从而使即便最愚蠢的意见也具有了与正确意见平等存在的空间。① 而程序正义往往由于制度性的要求屏蔽了一部分真实的具有各种差异与诉求的人。

巴迪欧认为真正的政治程序，就在于让原来不被计数的非在或例外的赤裸生命可以真正成为政治真理程序的一部分，可以被听见。就此巴迪欧说："政治最根本的任务……是让那些根本没有被体制规则所再现或代表的非存在获得实存。"② 因此，巴迪欧所呼唤的平等，是让未被超验规则所再现的非在与被计数的具有实存值的存在拥有同样的地位，巴迪欧认为这种状态可被称为共产主义。③ 巴迪欧的共产主义思想与青年马克思对人的类本质的思考有着密切的关联，马克思认为无产阶级的历史作用就是帮助我们实现人类类本质存在的形式，无产阶级专政正是寻求政治普遍性的一种努力，力图消灭一切阶级和不平等。

借助共产主义思想，巴迪欧意在为所有存在的类平等建立一种真理程序，它的形态是运动着的，与事件相关，在运动中不断生成新状态，让新产生的非在可以在事件之后的真理程序中获得实存强度。然而当前，这种共产主义理想和真理程序建立在全方位的资本

---

① ［法］阿兰·巴迪欧. 哲学与政治之间谜一般的关系［M］. 李佩纹，译. 北京：中央编译出版社，2017：导读：25.

② ［法］阿兰·巴迪欧. 哲学与政治之间谜一般的关系［M］. 李佩纹，译. 北京：中央编译出版社，2017：导读：28.

③ ［法］阿兰·巴迪欧. 哲学与政治之间谜一般的关系［M］. 李佩纹，译. 北京：中央编译出版社，2017：导读：29.

主义体系下是否还有可能？在当代社会，一种寡头性质的腐败开始向资本主义许诺的"现代化生活"的全民腐败迈进，开始转变为技术、金钱、欲望刺激下的精神腐败。以自由为名，这种境况依然建立在一种更为隐形的压迫之上，弱肉强食依然是通行法则，各种普遍性原则被抛却，外来者和边缘人群则不被承认，人们似乎只能进行日常极其"私密的反抗"。

持有普遍平等主义思想的巴迪欧认为今天的哲学应该以一种全民参与式的、承诺式的形式进行推广，知识分子应如同雅典广场的苏格拉底介入现实性的政治事务中，与群众和工人站在一起。而在20世纪传统的工人阶级之后，巴迪欧认为大学生与中学生、社会底层的年轻人、普通的工薪阶层和新的无产者最有望成为新的变革既有秩序的主体，他们所采取的规则方式是政治辩论、开放对话，他们的目标不是为了夺取权力，而是迫使国家听到他们的声音，重新审视并建立更为平等的关系。

# 学 者 简 评

　　当今世界动荡不安，而数字政治又已喧嚣尘上，人类政治文明发展再一次遭遇新的瓶颈，如何发挥思想的作用与功能成为当前世界政治发展进程中的共同话题。基于哲学理论功底的政治学分析是这篇文章的宗旨，其中概念明确，思路清晰，论证颇有力度，是在深入阅读文本与相关文献基础之上撰写的一篇学理性小论文。

　　文章以阿兰·巴迪欧的论述为主体，对自古以来围绕政治与哲学关系问题的学术思想进行了梳理，坚信哲学作为求真之学，能在创新当中走进政治领域，作为一种民主活动可以介入政治，最终应该以一种全民参与式、承诺式的形式实现民主。

　　本文作者关注世界政治现实与学术学沿，并以此视角来选择经典作品进行深入阅读，根据自己的专业特长，将经典阅读与学术训练紧密地结合起来，开展论文创作，是一条十分值得推荐的经典阅读路径。

——上海财经大学人文学院副教授　张谦

《瓦尔登湖》又译《湖滨散记》，首次出版时题为《瓦尔登，或林中生活》(Walden；or, Life in the Woods)，是美国作家亨利·戴维·梭罗所著的一本著名散文集。

　　该书出版于 1854 年，梭罗在书中详尽地描述了他在瓦尔登湖畔一片再生林中度过两年又两个月又两天的生活以及这段时间他的许多思考。瓦尔登湖地处美国马萨诸塞州东部的康科德镇，离梭罗家不远。梭罗把这次经历称为简朴隐居生活的一次尝试。《瓦尔登湖》共由 18 篇散文组成，在四季循环更替的过程中，详细记录了梭罗内心的渴望、冲突、失望和自我调整，以及调整过后再次渴望的复杂的心路历程，几经循环，直到最终实现为止。这表明了作者用它来挑战他个人的，甚至是整个人类的界限。但这种挑战不是对实现自我价值的无限希望，而是伤后复原的无限力量。

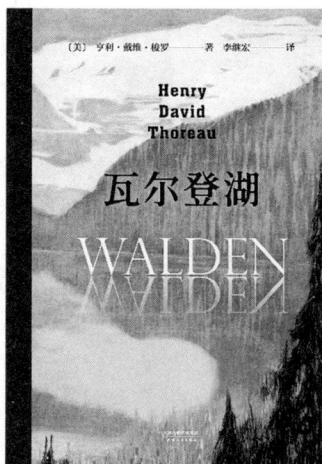

〔美〕亨利·戴维·梭罗　　李继宏　译

Henry
David
Thoreau

瓦尔登湖

WALDEN

《瓦尔登湖》，亨利·戴维·梭罗著，李继宏译，天津人民出版社，2013

# 作 者 自 述

张弦，上海财经大学国际文化交流学院教师。

与文学结缘，始于本科中文系课程。古今中外，散文小说，名家名作，小众先锋，在老师们的带领下，我开始涉足这片浩瀚迷人的文学世界，从此开启了阅读写作之路。转眼光阴飞逝，如今我也站上了讲台，成为一名教师。通过聆听，通过讲述，通过与更多不同的心灵对话，我渐渐意识到，那些文学灌注于内心的精神与体悟，日复一日，积年累月，正以另一种方式在我生命中继续流淌。

人最伟大亦最渺小的地方就在于我们的有限。而文学，或者任何形式的艺术，无疑都是人类对这可贵又可怜之有限的不懈超越。无论是年少轻狂的恣意任性，还是人近黄昏的清醒不惑，无论春风得意走上人生巅峰，还是深陷泥淖挣脱无门，人生总有那么一些时刻，我们如此渴望，能够打开一本书，于字里行间品尝一份理解与共鸣，在别样人生中寻得一份答案或意义。这便是生命的渴望，超越的渴望。

阅读写作于我而言，便是对这份渴望，这份不竭的生命力最大的珍惜与尊重。

文学并非人生的万能钥匙，它更像黑暗夜空那忽明忽暗却永不消逝的星光。芸芸众生你我，漫漫前路修远，我们注定要一次次行进在阳光下，摸索在星夜里。如果累了，抬头看看，相信我们不会迷路太久。

# 诗和远方，就在脚下

## ——读《瓦尔登湖》①

一本好书应该是这样的：当你初读它时，会因它的观点和语言而兴奋，仿佛找到知己，甚至不自觉手痒，也想尝试提笔著书，与此佳作唱和。而随着阅读的深入，你会发现，知其然未必能道其然——世间知此理者千千万万，而能述者寥寥无几——"读懂"与"写成"终究是两回事，因为"写成"不仅是简单的知晓，还包含着作者个人的全部智慧与超越。于是你知难而退，仅剩景仰——佳作天成，你恐怕此生都无法完成这样的巨制。最后，当你读罢此书，你的欣赏早已超越了理智的维度，进入了作者的世界——一个诞生于现实之中又傲立于现实之上的完美世界。此时文字已经不再重要，重要的是你的思想，你的心灵。不知为何，你隐隐感到你变成了一个更好的人，更有力量的人，你的心胸打开了，回顾眼前的世界，万物正以另一种你不曾体会过的方式重新展开……毫无疑问，它改变了你的世界。

《瓦尔登湖》就是这样一本书。

---

① 第三届上海财经大学"阅读之星"获奖作品。

# 一、所谓"生计"

人活在世上，要面对的第一件事就是如何活着。实际上，如果说《瓦尔登湖》有一个主题，或者一个中心思想，那就是探讨，我们作为人，应该如何活着。那就从《生计》开始，让我们看看梭罗先生是如何看待生存问题的吧。

首先，梭罗肯定了要以发展的眼光看问题——老人的智慧并不一定适应新人的问题。《瓦尔登湖》虽然是一百多年前的作品，但用现在的网络流行语来说，梭罗无疑是 21 世纪年轻人的"嘴替"。在反对守旧教条上，梭罗先生毫不嘴软。

"没有哪种思考或做事的方式，无论它是多么的古老，值得我们盲目地去跟从。今天每个人宣称或默认为万世不移的真理，到明天也许就会被证明是谬误，只是黑色的烟雾，而非有些人曾经以为的雨云，将会普降甘霖滋润他们的田地。有些事从前的人说你不能去做，结果你尝试之后发现你是可以去做的。老人有老习惯，新人有新办法。从前的人也许由于知识不够，并不知道添加新的燃料可以让火继续燃烧；今天的人却懂得把干柴放到水锅下面，以飞鸟的速度环游地球；这就像谚语说的，一代新人胜旧人。和年轻人相比，老年人不是更优秀、更有资格的导师，因为岁月让他得不偿失。不妨这么说吧，最明智的人不曾从生活中学到任何有绝对价值的知识。实际上，老年人并没有非常重要的忠告可以给年轻人，他们自身的经验很局限，他们的生活充满了

可悲的失败，而且都是由各种个人原因造成的，这他们肯定
也知道；也许他们还保留着些许和经验不符的信心，可是他
们已经不像过去那么年轻。"

我们的生活总是如此，总是有各式各样的"过来人"企图以他
们那点可怜的"人生经验"教你做人，贬低你的努力，抬高他的
"智慧"。而如果想礼貌又不失水准地驳他回去，不妨全文背诵此
段，再告诉对方，自己并非"不听老人言"，只是"曾经沧海难为
水，除却巫山不是云"罢了。

其次，梭罗先生身体力行地向我们证明了，人要活着，所需
之物并不多。而大多数人终其一生的苦恼与挣扎，无外乎太渴望
占有太多远超自己所需之物而已。梭罗先生并非否认生活的物质
基础，相反，他看得相当通透："人的生活必需品细究起来的话，
可以分为如下几种：食物、住所、衣物和燃料；因为只有获取这
些东西之后，我们才能自由地面对真正的人生问题，才能有解决
这些问题的希望可言。"没有物质基础，就无法进行更高级的人
类活动。但人生的所有追求，绝不应当完全止步于优化物质基础
本身。在这一点上，梭罗向我们展现了文化人对虚荣之辈的降维
嘲弄。

"有些人很是怀疑我，他们偶尔会提出这样的问题：我真
的认为我光吃蔬菜能活下去吗？为了切中问题的肯綮，让他们
彻底相信我，我往往会这么回答：'我吃木板上的铁钉也能活
下去。'假如他们连这句话都听不明白，那他们就无法理解我
想传达的意思。"

还有两个例子颇有意思，一是梭罗用"烘烤"一词来讽刺人们

对奢侈的追求：起初人们取暖只是为了能够舒适而温暖地活着，然而"这些奢侈的富人不仅很温暖，甚至热得很反常；就像我前面说过的，他们是在烘烤自己，当然他们用的方式很时髦"。二是在谈到附近修筑的铁路时，梭罗也指出了费尽心思修筑铁路而大多数人还是坐不起的"可悲的故事"。"诚然，赚够车费的人终究还是可以乘车的，但只怕他们到时已经丧失了旅行的活力和欲望。把人生中最美好的阶段用来赚钱，以便能够在人生中最没有价值的阶段享受一点值得怀疑的自由"，这种生活确实很可悲。我们耗尽了自己宝贵的身体与精神，仅为了达到所谓的"享受"与"舒适"，好向自己和他人证明此生的成功，却没有察觉背后巨大的代价。

于是梭罗提醒我们："人们交口称赞和认为成功的生活，无非是生活的一种而已。我们为何要夸耀一种，而牺牲其他各种呢？"

梭罗正是洞见了当时人们醉心于财富的积累与社会在工具理性之下近乎疯狂地加速狂奔的弊病，才在《瓦尔登湖》中开门见山地发出了他的呐喊——"这本书是写给那些对这些道理尚不太明了之人""我的话是说给一类为数众多的人听的，那些人，满腹牢骚，总是徒劳地抱怨他们的命运或者时代很艰难，其实他们原本是可以去改善的""我的目标读者还有那些貌似富裕实则极其贫穷的人，他们积聚了钱财，却不知道如何使用它，或者说如何摆脱它，因而给自己打造了黄金或者白银的镣铐"。

梭罗对美国现实的针砭常常让我想到鲁迅先生对近代中国社会的批判。虽然梭罗剑指19世纪美国社会的诸多问题，但百余年过去，如今的世界，病灶依旧没有消失，甚至还在恶化。相信身处消费主义、娱乐至上主义等以侍奉人类物欲为宗旨的观念漩涡之中的读者，能对梭罗这种强有力的批判感同身受。

　　也难怪同时代已经享誉欧美的著名诗人、散文家、思想家爱默生先生将梭罗的《瓦尔登湖》视为美国精神的代表。彼时的美国正处于重要的历史成长期，急于脱离欧洲"宗主"的文化影响，寻得能够代表自身的文学文化作品，实现精神上的独立。爱默生曾在他被视为"美国知识界的独立宣言"的一段演讲中疾呼："我们要用自己的双腿去走路；我们要用自己的双手去劳动；我们要说出自己的思想。"他看完《瓦尔登湖》后更是毫不吝惜其赞美，并将梭罗称为"美利坚群狮之王"。

　　《瓦尔登湖》所呈现的既非浪漫主义的哀愁，也非现实主义的冷峻，而是一种诗哲并存的踏实进取，仿佛要将这种精神随着美国的西进深深扎根在他所踏足的每一寸土地。《瓦尔登湖》所倡导的时代精神追求，既是务实的，又是深刻的，也是美国式的。如果你爱你的国家，就很难对其问题视而不见，避而不谈，你希望它和它所领导的人民永远朝着光明的方向前进。从这个层面上说，梭罗也算是美国知识分子的良心。

## 二、自然之诗

　　最珍贵的食材往往只需要最简单的烹饪。自然最原初的美丽亦无须任何华丽辞藻的修饰，仅仅将眼前所见之物一一列出，就足以呈现别样的美丽。这也是《瓦尔登湖》的第二个特点，无处不在的自然之美。

　　如果说躬耕田垄自食其力是梭罗低物欲追求的实践，那置身湖畔融入自然便是他陶冶精神提升性灵的参悟方式。大自然既是他探索和审美的对象，也是他修炼与反思的场所，更是他物我两忘的境界的映射。从梭罗对大自然所倾注的全然的观察、关注、体验与欣赏中，我们无须费力就能感受到他毫不吝啬的宠赞。

"屋前的花园生长着草莓、黑莓、长生花、金丝桃、秋麒麟草、矮栎、沙樱桃、蓝莓和地豆"。

"附近有棵桦树，树梢上的褐嘲鸫——有些人喜欢叫他红画眉——因为有你的陪伴，高兴地歌唱了整个早晨；如果你不在这里陪他，他就会飞到其他农夫的田里去。当你播种的时候，他喊着：'放进去，放进去——盖上土，盖上土——拔掉它，拔掉它。'但这不是玉米，所以不会受到他这样的天敌的侵害。你也许会感到奇怪，他这毫无意义的鸣叫，这业余级别的帕格尼尼式表演，跟你的播种有什么关系呢？然而你还是宁可听他歌唱，也不去准备湿草灰或者石灰。"

"我的敌人是虫子、寒冷的天气和几乎所有的土拨鼠。后者把我四分之一的菜豆啃得干干净净。但我又有什么权利拔掉金丝桃和其他花草，破坏这个属于他们的古老百草园呢？"

"瓦尔登湖借由这种涨落实现了对湖岸的控制，湖岸就这样被剃了胡须，树木虽然长在那里，却保不住它们的地盘。这些地方是瓦尔登湖的嘴唇，嘴唇上面没有胡须。它时不时时会舔舔自己的吻部。"

"和生活在河里以及其他大多数湖里的鱼类相比，瓦尔登湖里的所有鱼类，包括闪光鱼、鲇鱼、鲈鱼，都要干净和漂亮得多，鱼肉也紧密得多，因为这里的湖水更加纯洁，它们和别的鱼有很明显的区别。湖里也有发挥清洁作用的青蛙和乌龟，以及少数贝类；麝鼠和水貂也在湖边留下了足迹，偶尔也会有路过的拟鳄龟来访。有时候，当我在早晨把小船推到湖里，我会惊动一只在船底躲了整个晚上的大拟鳄龟。野鸭和大雁在春秋两季经常来，白腹的燕子贴着湖飞过，翠鸟从巢里疾冲而出，斑腹矶鹬整个夏天'大摇大摆'地在铺满石子的湖边行走。我曾有几次惊动了在横亘于水面之上的白松枝头栖息着的鱼鹰；但我怀疑海鸥是否曾亵渎这个地方，尽管费尔黑文湖有很多。潜鸟每年最多只来一次。这些就是目前在瓦尔登湖出没的主要动物。"

"有时候我会漫步到松林里去，或者到弗林特湖以东的柏树林去，圆柏结满了蓝色的浆果，一株更比一株高，很适合伫立在瓦尔哈拉，欧刺柏则随处可见，枝头也是硕果累累；或者到沼泽地去，那里的须松萝像花彩般高挂在黑云杉上，颜色鲜艳的毒菌在地上铺开，宛如沼泽之神的圆桌，有些更为美丽的菌菇则妆点着那些树的根端，像蝴蝶或者贝壳，活脱脱是植物界的滨螺；沼泽地里还生长着粘叶杜鹃和毒漆树，轮叶冬青的红色浆果闪闪发亮，很像淘气儿童的眼睛，南蛇藤到处攀附，最坚硬的树木也给它勒出了凹痕，山地冬青的浆果美丽得让观赏者流连忘返，此外还有许多让观赏者目眩神迷的无名野生禁果，它们太过美丽，所以凡人不能品尝。"

如此等等，无须赘述。梭罗笔下的《瓦尔登湖》，仿佛一部摊开的动植物百科全书，图片皆是梭罗眼中奇景，注脚则是作者的浅吟低唱。

首先，这种描写的冲击力体现在作者博物志般的动植物以及地理知识储备。其次，"大音希声，大象无形"，面对历经亿万年沧海桑田的风霜还依旧屹立在眼前的景和物，我们能做的无非就是静静欣赏，只是单单说出他们的名字，就足够美了。最后，关注即欣赏，梭罗与旁人的不同正在于赋予了这些稀松平常的事物和行动以专注和关注，发掘了它们不为人知的价值与意义，让这些从时人眼中轻易溜走的美好留在书中。

这种简单的描摹给我留下了深刻印象，我愿称之为"清单式笔法"。除了对自然之景的描写，对自己在瓦尔登湖畔行为艺术般的生活，梭罗先生也做了详细记录——19 世纪的文化人就已经玩起了手账。这是梭罗盖房子所花的全部费用：

| | |
|---|---|
| 木板 | 八元三分五厘（大多数是旧的） |
| 屋顶和墙壁所用的廉价木片 | 四元 |
| 木条 | 一元二角五分 |
| 两扇带玻璃的窗 | 二元四角三分 |
| 旧砖一千块 | 四元 |
| 两桶石灰 | 二元四角（真贵啊） |
| 马毛 | 三角一分（买多了） |
| 壁炉上方的铁档 | 一角五分 |
| 铁钉 | 三元九角 |
| 铰链和螺丝钉 | 一角四分 |
| 门闩 | 一角 |
| 粉笔 | 一分 |
| 运费 | 一元四角（很多是我亲自搬的） |
| 共计 | 二十八元一角二分五厘 |

如他所说，之所以详细地把成本列出来，是因为很少有人能够准确地说出他们盖房子花了多少钱，而能够把各种材料的成本分开列出的人就更少了。不仅如此，梭罗在瓦尔登湖生活的两年时间，同样也记录了自己食物的开销："如果不计自己种的土豆、一点青玉米和一些豌豆，也不考虑最后剩下的食物的价值，那么前面八个月的食物开支是这样的：

| 大米 | 一元七角三分五厘 |
|---|---|
| 糖浆 | 一元七角三分（用最便宜的糖精做的） |
| 全麦面粉 | 一元四分七厘五毫 |
| 粗磨玉米粉 | 九角九分七厘五毫 |
| 猪肉 | 二角二分 |
| 精面粉 | 八角八分（比粗磨玉米粉贵，又费钱又麻烦） |
| 白糖 | 八角 |
| 猪油 | 六角五分 |
| 苹果 | 二角五分 |
| 苹果干 | 二角二分 |
| 甜土豆 | 一角 |
| 南瓜一个 | 六分 |
| 西瓜一个 | 二分 |
| 盐 | 三分 |

那么，以下就是梭罗先生在世界的这个角落生活八个月所需的金钱了：

| 房屋 | 二十八元一角二分五厘 |
|---|---|
| 一年的耕种 | 十四元七角二分五厘 |
| 八个月的食物 | 八元七角四分 |
| 八个月的穿衣等 | 八元四角七厘五毫 |
| 八个月的煤油等 | 二元 |
| 共计 | 六十一元九角九分七厘五毫 |

接着，是种豆的开销与收入：

| 锄头一把 | 五角四分 |
|---|---|
| 犁地、挖沟、耙地 | 七元五角（太多啦！） |
| 菜豆种子 | 三元一角二分五厘 |
| 土豆 | 一元三角三分 |
| 豌豆 | 四角 |
| 芜菁种子 | 六分 |
| 做稻草人用的白线 | 二分 |
| 请马夫和男孩来耕地（三个小时） | 一元 |
| 收割时用的马车 | 七角五分 |
| 共计 | 十四元七角二分五厘 |

| 卖出九蒲式耳又十二夸脱的菜豆 | 十六元九角四分 |
|---|---|
| 五蒲式耳的大土豆 | 二元五角 |
| 九蒲式耳的小土豆 | 二元二角五分 |
| 草 | 一元 |
| 豆秆 | 七角五分 |
| 共计 | 二十三元四角四分 |

看似无法想象的生活，实际需要的只是一个开始，接下来的事便顺理成章了。居于湖畔的梭罗不仅仅是口头倡导，更是通过亲身试验告诉我们，"人真正需要的东西，基本上十个手指就能数得过来，顶多再加上十个脚趾，其他的都是可以丢弃的"，所谓"过好每一天"，在梭罗这里，绝不是仅存于美好遐想的田园生活，而是亲力亲为的身心实践。如他所言："我的头脑是双手和双脚。"

"哲学家不仅要从理论上，而且要从实践中解决部分人生问题。"

梭罗看出了"如今有许多哲学教授，但没有哲学家"，于是他义不容辞地在自己的生活中开疆扩土，以切身的反思与实践躬耕着他的人生哲学。

"瓦尔登湖本身依然没有改变，湖水仍是我年轻时看到的模样；反倒是我改变了很多。它有这么多的涟漪，却没有长出永久的皱纹。"

瓦尔登湖没有辜负梭罗，他的思想倒映在这片澄澈的湖水之中，随清风荡漾，伴阳光闪烁，永不老去。

## 三、独立宣言

《瓦尔登湖》也是灵魂的独立宣言。

梭罗在瓦尔登湖的生活在别人看来实在是自讨苦吃，在《室内的取暖》一章中，他曾如此自嘲：

"我有几个朋友以为我到森林里来，目的就是把自己冻僵。

　　"来看我的客人不少，胆敢留下来吃饭的却只有一两个；但看到我端上的是玉米糊，他们立刻溜之大吉，仿佛这玉米糊是将会把木屋震倒的灾难。然而我煮过许多玉米糊，这房子还好好的呢。"

　　每每读到这些风趣之处，都忍俊不禁，感慨于他极致的睿智，果然是不动声色的幽默，我再一次为梭罗式讥诮所折服。

　　然而，正是这份与世俗生活的截然不同，甚至格格不入，才更凸显出湖畔独居的意义——一个人如果知道自己存在于世的目的与意义，那么，无论身在何时何地，都能独善其身；否则，即使身处天堂，他的心灵也无法安宁。

　　这里，我们终于要提到那句广为流传的心灵鸡汤：

　　"人只有在举目无亲的远方才能够真诚地活着。"

　　怎么理解这句话呢？如果仅仅把它看作"劝人远行"的忠告，那便好似仅仅将《瓦尔登湖》视为一部呼吁保护自然的环保作品一样片面庸浅。据说《瓦尔登湖》曾是清华大学随录取通知书一同寄送新生的读物。此生是否还能有幸求学清华园我不知道，但如果是18岁的我收到这本书，应该是读不下去的。即使勉强读完，相信感受也不会如今天这样强烈。

　　而现在翻开这本书，一切刚刚好。

　　因为只有真正理解了的东西，才能更深刻地感觉它。

　　自18岁出门远行，我再没有长久地在故乡生活过。一开始我并不太明确这份对"生活在别处"的执念究竟源自何处，在外面的世界里我确实收获了更为丰富的人生经历，但单纯地追求新鲜刺激绝对不是我一次次远行的目的。一年又一年，我只是跟随自己内心的意愿，选择我所中意的环境与居所，结识可以交谈的朋友，多走些路，多看点书，偶尔思考自己感兴趣的问题，其间反复聆听钟爱的歌曲，尽可能让自己的每一天都比从前快乐一点。

渐渐地，我意识到自己的改变，对待家乡，对待自己，对待他人，对待我所生活的这个世界。然而这种变化并非"举目无亲"的直接结果，也不是"远方"越远，变化就来得更加迅猛。直到读到《瓦尔登湖》，我才恍然大悟。原来我的远行，恰似梭罗的独居。18岁的我不明就里，但我知道我必须出发，我知道唯有在远行的生活中，才能摒除外界的声音，全心全意观照自己。

"人的路，要亲自去走，这是千真万确的。"

因为在寻得内在的难以撼动的那份精神与意志之前，一个人不算真正的独立，所以我们都需要自己的瓦尔登湖，那是我们心灵的居所，是我们精神的镜子。找到它，我们才算拥有了自己。

如今我能感到一种力量已然扎根我的内心，那种无论如何可以照顾好自己的力量，那种能真诚度过一生的责任与担当。就如独居湖畔两年后的梭罗，挥一挥衣袖，潇洒转身离开一样，心灵的旅程既已完成，此处便无一丝牵绊。远方不在任何一方，远方只在心里，你想，便可随时到达。

即使有一天我不得不终止我的远行，我也深知，无论身在何处，我都能建造起湖畔的那座"房子"，也能照顾好旁边的"豆田"，偶尔为往来森林的陌生人指路，在春天观察冰湖上的第一条裂缝。

## 结语

《瓦尔登湖》的结束是猝不及防的。

"我第一年的林中生活就这样结束；第二年的情况与此大抵相同。我最终离开瓦尔登湖，是在 1847 年 9 月 6 日。"

在领略了瓦尔登湖和康科德镇种种平静却不平凡的美好后，仅仅简单的几句话，《瓦尔登湖》一书就这样在不知不觉中静静地来到了高潮，并戛然而止。

如此平白悠扬，如一曲挽歌落幕。

"真正的好书不会像奢侈品那样麻醉我们、让我们的思辨能力昏然睡去，而是需要我们踮起脚尖去拜读，需要我们将最敏锐和清醒的辰光奉献给它。"

写作之人寻求的是超越时空的永恒读者，毫无疑问，《瓦尔登湖》已经用时间证明了它的价值，梭罗不再孤单。

就像专门为了与碎片化信息相对抗，这篇文章我也写得格外长。我直白地用篇幅来表明我的态度，来区分我的读者。实话讲，文章里并没有太多有价值的东西，只是我一些零碎浅见，和按捺不住想要分享与推荐的热心。如果你读到这里，我首先要表示我的感谢，因为并不是我的文章有多吸引人，而是你的耐心与求知欲让你足以忍受我的文字到现在。其次我要送上我的祝福，在这个人人被信息漫灌到注意力以秒计的时代，你有如此的定力，在本可以刷几十个视频的时间里选择了默默读完一篇平平无奇的文章，足以说明，仅凭自己的双手和大脑，在未来的日子里，你也能收获梭罗那般"从早晨静静地坐到黄昏，有足够的时间去思考许多事情"的生活。我祝你一生都受此珍贵品质的福佑。

最后的最后，梭罗同样为《瓦尔登湖》写了一篇结语，正如此前的篇幅里我大量引用原文（但仍远远不够，实在有太多精妙之处唯有阅读原著方能体会），这里我也要用梭罗自己的话来为《瓦尔登湖》的精神做最后的总结：

"后来我永远地搬离了森林，理由跟我搬去那里相同。或许是因为我认为还有好几种生活等着我去体验，而且无法匀出更多的时间给那种生活。我们很容易不知不觉就习惯某条固定的路线，为我们自己踏出一条路来。在那里生活不到一个星期，我的双足便已踩出一条从门口通到湖边的小径；如今时间已经过去五六年，它依然清晰可辨。这是真的，我觉得大概有人常常走那条小径吧，所以它到现在还没长草。大地的表面是柔软的，人类的脚能够踩得它陷进去；精神经过的道路也是如此。所以世上的道路肯定是非常破烂和尘土飞扬的，传统和习俗的车辙也肯定是很深的！我不希望走船舱通道，我想要走到世界的桅杆之前，走到世界的甲板之上，因为在那里我能最清楚地看见群山间的月光。现在我不愿意走到下面去。"

"我的实验至少让我明白了这个道理：如果人自信地朝着梦想的方向前进，努力去过上他事先设想的生活，他将会取得普通人想象不到的成功。他将会把某些东西甩到身后，将会跨越无形的界线；他的周围和内心将会出现新的、普遍的、更自由的法则；或者旧法则将会变得更加宽松，将会得到新的解释，赋予他更大的自由，他将会过上一种更为高尚的生活。他越是让生活变得简单，宇宙的法则就越显得没那么复杂，到时孤独将不再是孤独，贫穷将不再是贫穷，而软弱也不再是软弱。如果你在空中修建了几座楼阁，你的心血未必就会白费；那就是它们应该在的地方。现在请把基础摆到它们下面去。"

以上。

# 学 者 简 评

　　亨利·戴维·梭罗（Henry David Thoreau，1817—1862），美国作家，《瓦尔登湖》是其代表作。梭罗认为人可以通过较低的物质成本，获得自由、恬适的生活，并以此摆脱现代物质消费主义、享乐主义对生活的压迫和对人的异化。他为此曾在瓦尔登湖边上隐居数年，以检验自己的理论。《瓦尔登湖》便是这项自然主义生活实验的纪录报告。但该书里所体现出的自然风光与低欲望低成本生活的美好，引起了各国读者的热情讨论与向往。

　　这篇文章对《瓦尔登湖》这些特点具有较为全面的了解。比如文章里着重摘引、评述了该书中对隐居生活各项成本的信息记录等。同时文章也接纳了世人对《瓦尔登湖》的诸多思想升华，也认为该书所记录的人与自然和谐相处的隐居生活是"自然之诗"，它的苦与乐也都能对人的灵魂进行洗礼与解放。甚至作者也是借由该书的启示，告别时下人云亦云的、流俗的消费主义对生活的设定，开始"独立"，并真正生活。这些也体现了作者借由《瓦尔登湖》所展示出的对当代现实生活的独特思考。

——上海财经大学人文学院副教授　陈成吒

附　　录

# 上海财经大学 2024 年通识经典阅读书目

1. 《周易注校释》，王弼注，楼宇烈校释，北京：中华书局，2012.

2. 《道德经》，老子著，韩宏伟、何宏注译，合肥：安徽人民出版社，2005.

3. 《论语》，孔子弟子及其再传弟子编撰，朱熹集注，金良年导读，胡真集评，上海：上海古籍出版社，2007.

4. 《理想国》，[古希腊] 柏拉图著，郭斌和、张竹明译，北京：商务印书馆，1986.

5. 《沉思录》，[古罗马] 玛克斯·奥勒留著，梁实秋译，南京：译林出版社，2009.

6. 《传习录译注》，王守仁撰，王晓昕译注，北京：中华书局，2018.

7. 《道德情操论》，[英] 亚当·斯密著，宋德利译，南京：译林出版社，2011.

8. 《往事与随想》，[俄] 赫尔岑著，巴金、臧仲伦译，南京：译林出版社，2009.

9. 《查拉斯图拉如是说》，[德] 尼采著，楚图南译，合肥：安徽人民出版社，2013.

10. 《自卑与超越》，[奥] 阿德勒著，李心明译，北京：光明日报出版社，2006.

11.《新教伦理与资本主义精神》，［德］马克斯·韦伯著，于晓等译，北京：生活·读书·新知三联书店，1987.

12.《西方哲学史》，［英］罗素著，何兆武、李约瑟译，北京：商务印书馆，1963.

13.《中国哲学简史》，冯友兰著，赵复三译，北京：生活·读书·新知三联书店，2013.

14.《哥德尔、艾舍尔、巴赫：集异璧之大成》，［美］侯世达著，郭维德等译，北京：商务印书馆，1996.

15.《简单的逻辑学》，［美］D.Q.麦克伦尼著，赵明燕译，杭州：浙江人民出版社，2013.

16.《儒教中国及其现代命运》，［美］约瑟夫·列文森著，郑大华、任菁译，桂林：广西师范大学出版社，2009.

17.《诗经选》，余冠英注译，北京：人民文学出版社，1979.

18.《红楼梦》，曹雪芹、高鹗著，俞平伯校，启功等注，北京：人民文学出版社，2000.

19. *《瓦尔登湖》，［美］亨利·戴维·梭罗著，徐迟译，上海：上海译文出版社，2011.

20.《约翰·克利斯朵夫》，［法］罗曼·罗兰著，傅雷译，上海：上海三联书店，2018.

21.《飞鸟集》，［印度］泰戈尔著，郑振铎译，上海：上海译文出版社，1981.

22.《毛泽东诗词集》，中共中央文献研究室编，北京：中央文献出版社，2003.

23.《百年孤独》，［哥伦比亚］加西亚·马尔克斯著，黄锦炎译，杭州：浙江文艺出版社，1991.

24. *《平凡的世界》，路遥著，北京：人民文学出版社，2007.

25.《伯罗奔尼撒战争史》，［古希腊］修昔底德著，谢德风译，北京：商务印书馆，2009.

26.《史记》，司马迁著，北京：中华书局，2013.

27.《资治通鉴》，司马光著，北京：中华书局，2009.

28.《旧制度与大革命》，［法］亚历西斯·德·托克维尔著，冯棠译，北京：商务印书馆，2012.

29.《震撼世界的十天》，［美］约翰·里德著，郭圣铭等译，北京：东方出版社，2005.

30.《国史大纲》，钱穆著，北京：商务印书馆，1996.

31.《中国文化要义》，梁漱溟著，上海：上海人民出版社，2018.

32.《全球通史：从史前史到 21 世纪》，［美］斯塔夫里阿诺斯著，吴象婴等译，北京：北京大学出版社，2012.

33.《八月炮火》，［美］巴巴拉·W.塔奇曼著，张岱云等译，北京：新星出版社，2005.

34.《枪炮、病菌与钢铁：人类社会的命运》，［美］贾雷德·戴蒙德著，谢延光译，上海：上海译文出版社，2014.

35.《生活的艺术》，林语堂著，长沙：湖南文艺出版社，2012.

36.《审美教育书简》，［德］弗里德里希·席勒著，张玉能译，南京：译林出版社，2012.

37.《西方美学史》，朱光潜著，北京：商务印书馆，2011.

38.《古文观止》，吴楚材、吴调侯编，王文濡校勘，北京：中华书局，2018.

39.《我们赖以生存的隐喻》，［美］乔治·莱考夫、［美］马克·约翰逊著，何文忠译，杭州：浙江大学出版社，2015.

40.《美的历程》，李泽厚著，北京：生活·读书·新知三联书店，2009.

41.《艺术的故事》，［英］贡布里希著，范景中译，北京：生活·读书·新知三联书店，1999.

42. *《利维坦》，［英］托马斯·霍布斯著，韩晓龙导读、注译，上海：上海译文出版社，2021.

43.《政府论》，［英］约翰·洛克著，杨思派译，北京：中国社会科学出版社，2009.

44.《社会契约论》，［法］让-雅克·卢梭著，何兆武译，北京：商务印书馆，2003.

45.《共产党宣言》，［德］马克思、［德］恩格斯著，中共中央马克思恩格斯列宁斯大林著作编译局译，北京：中央编译出版社，2018.

46.《大转型：我们时代的政治与经济起源》，［英］卡尔·波兰尼著，刘阳、冯钢译，杭州：浙江人民出版社，2007.

47.《正义论》，［美］约翰·罗尔斯著，何怀宏等译，北京：中国社会科学出版社，2009.

48.《科学的反革命：理性滥用之研究》，［英］弗里德里希·A.哈耶克著，冯克利译，南京：译林出版社，2012.

49.《科学与假设》，［法］昂利·彭加勒著，李醒民译，北京：商务印书馆，2006.

50.《科学史及其与哲学和宗教的关系》，［英］W.C.丹皮尔著，李珩译，北京：商务印书馆，2009.

51.《科学革命的结构》，［美］托马斯·库恩著，金吾伦、胡新和译，北京：北京大学出版社，2012.

52.《国富论》，［英］亚当·斯密著，郭大力、王亚南译，北京：商务印书馆，2015.

53. 《资本论》，［德］马克思著，中共中央马克思恩格斯列宁斯大林著作编译局译，北京：人民出版社，2018.

54. 《就业、利息和货币通论》，［英］约翰·梅纳德·凯恩斯著，徐毓枬译，北京：商务印书馆，1983.

55. 《博弈论与经济行为》，［美］冯·诺伊曼、［美］摩根斯顿著，王文玉、王宇译，北京：生活·读书·新知三联书店，2004.

56. 《经济分析史》，［美］约瑟夫·熊彼特著，朱泱等译，北京：商务印书馆，2001.

57. 《市场如何运行：非均衡、创业和发现》，［英］伊斯雷尔·M.柯兹纳著，沈国华译，上海：上海财经大学出版社，2019.

58. 《集体行动的逻辑》，［美］曼瑟尔·奥尔森著，陈郁等译，上海：上海三联书店，上海人民出版社，1995.

59. 《创新与企业家精神》，［美］彼得·德鲁克著，蔡文燕译，北京：机械工业出版社，2019.

60. 《管理思想精粹——世界顶级管理大师告诉你》，［美］凯罗·肯尼迪著，吴小丽译，上海：上海财经大学出版社，2005.

61. 《启蒙经济：英国经济史新论》，［美］乔尔·莫克尔著，曾鑫、熊跃根译，北京：中信出版社，2020.

62. 《思考，快与慢》，［美］丹尼尔·卡尼曼著，胡晓娇、李爱民、何梦莹译，北京：中信出版社，2012.

63. 《千年金融史》，［美］威廉·戈兹曼著，张亚光、熊金武译，北京：中信出版社，2017.

64. 《社会与经济：信任、权力与制度》，［美］马克·格兰诺维特著，王水雄、罗家德译，北京：中信出版社，2019.

65.《文化与组织：心理软件的力量》，［荷］吉尔特·霍夫斯泰德、［荷］格特·扬·霍夫斯泰德著，李原、孙健敏译，北京：中国人民大学出版社，2010.

66.《统计学的世界》，［美］戴维·穆尔、［美］威廉·诺茨著，郑磊译，北京：中信出版社，2017.

67.《论法的精神》，［法］孟德斯鸠著，许明龙译，北京：商务印书馆，2012.

68.《洞穴奇案》，［美］彼得·萨伯著，陈福勇、张世泰译，北京：生活·读书·新知三联书店，2015.

69.《学术与政治》，［德］马克斯·韦伯著，冯克利译，北京：生活·读书·新知三联书店，2005.

70. *《非暴力沟通》，［美］马歇尔·卢森堡著，刘轶译，北京：华夏出版社，2022.

71.《乡土中国》，费孝通著，北京：人民出版社，2008.

72.《风险社会》，［德］乌尔里希·贝克著，何博闻译，南京：译林出版社，2004.

73. *《生命3.0：人工智能时代人类的进化与重生》，［美］迈克斯·泰格马克著，汪婕舒译，杭州：浙江教育出版社，2018.

74.《信息简史》，［美］詹姆斯·格雷克著，高博译，北京：人民邮电出版社，2013.

75.《理解媒介：论人的延伸》，［加拿大］马歇尔·麦克卢汉著，何道宽译，南京：译林出版社，2011.

76.《战争论》，［德］克劳塞维茨著，中国人民解放军军事科学院译，北京：解放军出版社，2004.

77.《孙子兵法》，孙武著，郭化若注译，北京：中华书局，1962.

78.《心理学与生活》，［美］理查德·格里格、［美］菲利普·津巴多著，王垒等译，北京：人民邮电出版社，2016.

79. *《学会提问》，［美］尼尔·布朗、［美］斯图尔特·基利著，吴礼敬译，北京：机械工业出版社，2019.

80.《惊人的假说》，［英］弗朗西斯·克里克著，汪云九等译，长沙：湖南科学技术出版社，2012.

81. *《知识机器：非理性如何造就近现代科学》，［美］迈克尔·斯特雷文斯著，任烨译，北京：中信出版社，2022.

82. *《从一到无穷大：科学中的事实和臆测》，［美］G.伽莫夫著，暴永宁译，吴伯泽校，北京：科学出版社，2002.

83.《自然哲学的数学原理》，［英］艾萨克·牛顿著，赵振江译，北京：商务印书馆，2017.

84.《什么是数学：对思想和方法的基本研究》，［美］R.柯朗、［美］H.罗宾著，［美］I.斯图尔特修订，左平、张饴慈译，上海：复旦大学出版社，2012.

85. *《数学艺术：真实·美丽·平衡》，［美］斯蒂芬·奥内斯著，杨大地译，重庆：重庆大学出版社，2021.

86.《天才引导的历程：数学中的伟大定理》，［美］威廉·邓纳姆著，李繁荣、李莉萍译，北京：机械工业出版社，2013.

87.《新物理学的诞生》，［美］I.伯纳德·科恩著，张卜天译，长沙：湖南科学技术出版社，2010.

88.《狭义与广义相对论浅说》，［美］阿尔伯特·爱因斯坦著，张卜天译，北京：商务印书馆，2017.

89.《量子之谜》，［美］布鲁斯·罗森布鲁姆、［美］弗雷德·库特纳著，向真译，长沙：湖南科学技术出版社，2013.

90. *《深奥的简洁：从混沌、复杂到地球生命的起源》，［英］约翰·格里宾著，马自恒译，南京：江苏凤凰文艺出版社，2020.

91.《宇宙最初三分钟》，〔美〕史蒂文·温伯格著，张承泉等译，北京：中国对外翻译出版公司，2000.

92.《瘟疫与人》，〔美〕威廉·H.麦克尼尔著，余新忠、毕会成译，北京：中信出版社，2018.

93.《中国自然地理纲要》，任美锷主编，北京：商务印书馆，1992.

94.《DNA：生命的秘密》，〔美〕詹姆斯·沃森、〔美〕安德鲁·贝瑞著，陈雅云译，上海：上海人民出版社，2011.

95.《哥伦布大交换：1492 年以后的生物影响和文化冲击》，〔美〕艾尔弗雷德·W.克罗斯比著，郑明萱译，北京：中信出版社，2018.

96.《终极算法：机器学习和人工智能如何重塑世界》，〔美〕佩德罗·多明戈斯著，黄芳萍译，北京：中信出版社，2017.

97.《科学与方法》，〔法〕昂利·彭加勒著，李醒民译，北京：商务印书馆，2006.

98.《社会研究方法》，〔美〕艾尔·巴比著，邱泽奇译，北京：华夏出版社，2018.

99.《风格感觉：21 世纪写作指南》，〔美〕史蒂芬·平克著，王烁、王佩译，北京：机械工业出版社，2018.

100.《如何阅读一本书》，〔美〕莫提默·J.艾德勒、〔美〕查尔斯·范多伦著，郝明义、朱衣译，北京：商务印书馆，2004.

〔注〕：加 ＊ 为新增图书。

# 《品味经典》第一辑目录

# 《品味经典》第二辑目录

# 《品味经典》第三辑目录

# 《品味经典》第四辑目录

# 《品味经典》第五辑目录

**图书在版编目(CIP)数据**

品味经典. 第六辑/徐飞主编. --上海：复旦大学出版社,2025.1
(趣讲堂)
ISBN 978-7-309-17196-9

Ⅰ.①品…　Ⅱ.①徐…　Ⅲ.①推荐书目-世界　Ⅳ.①Z835

中国国家版本馆 CIP 数据核字(2024)第 020542 号

**品味经典(第六辑)**
徐　飞　主编
责任编辑/张美芳

复旦大学出版社有限公司出版发行
上海市国权路 579 号　邮编：200433
网址：fupnet@fudanpress.com　http://www.fudanpress.com
门市零售：86-21-65102580　　团体订购：86-21-65104505
出版部电话：86-21-65642845
上海四维数字图文有限公司

开本 890 毫米×1240 毫米　1/32　印张 8.125　字数 188 千字
2025 年 1 月第 1 版
2025 年 1 月第 1 版第 1 次印刷

ISBN 978-7-309-17196-9/Z·125
定价：69.00 元